투르 드 몽블랑

투르 드 몽블랑

2017년 6월 10일 초판 1쇄 펴냄
2022년 12월 25일 개정1판 1쇄 펴냄

지은이   이영철
발행인   김산환
책임편집   윤소영
디자인   윤지영
펴낸곳   꿈의지도
인쇄   다라니

주소   경기도 파주시 경의로 1100, 604호
전화   070-7535-9416
팩스   031-947-1530
홈페이지   blog.naver.com/mountainfire
출판등록   2009년 10월 12일 제82호

ISBN 979-11-6762-029-3 14980
ISBN 978-89-97089-51-2 (세트)

· 이 책의 저작권은 지은이와 꿈의지도에 있습니다.
· 지은이와 꿈의지도 허락 없이는 어떠한 형태로도 이 책의 전부, 또는 일부를 이용할 수 없습니다.
· 잘못된 책은 구입한 곳에서 바꿀 수 있습니다.

최신 개정판

투르 드 몽블랑 가이드북

알프스의 꽃 몽블랑 일주 트레킹 가이드북

투르 드 몽블랑

이영철 지음

꿈의지도

프롤로그

    당신에게 몽블랑은 어떤 의미일까?

    누군가는 고급 만년필을 떠올리고, 누군가는 눈 덮인 알프스를, 또 다른 누군가는 리조트 식당이나 우아한 패션용품 브랜드를 떠올릴 수도 있다. 나에게 몽블랑은, 알 수 없는 설렘을 안겨줬던 짝사랑 소녀의 이미지로 언제부턴가 남아 있다.

    오랜 직장인의 삶을 접고 자유인의 일상을 누리던 어느 날, 설레는 마음을 누르며 그 소녀를 만나러 먼 길을 떠났다. 퇴직하면 나만의 세계 10대 트레일을 찾아 걷겠다는 오랜 꿈에서 비롯된 여정이었다. 아침 출근으로부터 자유로워진 지 5년째이던 어느 초여름, 10대 트레일 중 아홉 번째 타깃으로 알프스를 찾았다. 열흘 동안 몽블랑 둘레길을 걷고, 이어서 열흘 동안 이탈리아 여러 도시를 여행하는 일정이었다.

    한 번 다녀온 십여 일의 기록으로 책을 낸다는 것은, 어찌 보면 가소로운 일이다. 잘 알지만, 알프스를 걸으며 근거 없는 자신감이 모락모락 생겨났다. 평범한 아마추어 여행자가 보고 느낀 시각이 오히려 요긴한 정보가 될 수도 있겠다는 나름대로의 판단도 섰다. 인터넷에 알프스 여행기나 사진들은 넘쳐나지만 막상 현지에서는 실질적인 정보에 목마름과 아쉬움을 많이 느꼈던 나 자신의 경험도 한 몫했다.

몽블랑 둘레길을 한 바퀴 걷는 동안, 안나푸르나 못지않은 설산들의 위용에 감탄했고, 산티아고 순례길에 버금가는 땀과 에너지를 쏟아냈다. 산길을 걸으며 만난 사람과 사람들, 세 번의 국경을 넘으며 새로운 세계로 발을 들여놓던 순간들, 알프스 산골마을의 전원풍경들, 계곡을 굽이치던 강물 그리고 녹색 초원에 흐드러지게 피었던 노란 들꽃들. 돌이켜보면 어느 것 하나 사무치지 않는 게 없다.

직장 십 년 후배인 안성남 후배와 함께 했다. 든든한 후배가 있어 나는 기록과 사진 찍기에만 전념할 수 있었다. 안 후배는 회사적 인간에 입혀진 두터운 갑옷을 잠시 벗고, 아홉수라는 쓸데없는 어둠을 헤치며 자신을 차분히 돌아보는 기회를 가졌다.

알프스의 이미지는 흰색과 밝음이다.

인생에 흐림보다는 밝음을 좀 더 많이 만들어가고 싶은 이들을 품속으로 꼬옥 끌어안는 곳이 몽블랑이다. 몸은 좀 힘들어도, 우리 마음속과 혈관 곳곳 찐득하게 눌어붙었던 정신적 물질적 노폐물들을 말끔하게 배출시켜주는 곳이다. 자기성찰 같은 거창한 수식어까지는 불필요하겠다. 쳇바퀴 같은 일상에서는 결코 느껴보지 못했던 그윽한 행복과 만나고, 눈에 보이지 않는 묘한 에너지를 흠뻑 담아오는 곳이 바로 몽블랑 둘레길, 투르 드 몽블랑이다.

CONTENTS

프롤로그 _ 6
intro 길 떠나기 전에 _ 10
몽블랑 일주 전체 지도 _ 19

몽블랑의 관문,
샤모니 : 알피니즘의 기원을 더듬다 _ 20

첫째 날,
레우슈에서 레콘타민까지 : 미아지 산장에서 듣는 몰다우 _ 36

둘째 날,
조베 호수와 본옴므 고개 : 알프스 깊숙한 설원 속으로 _ 64

셋째 날,
프랑스에서 이탈리아로, 세이뉴 고개 : 미지의 세계와 조우 _ 94

넷째 날,
쿠르마예르와 베르토네 산장 : 몽블랑과 가장 가까워지다 _ 122

다섯째 날,
아르미나 골짜기 거쳐 엘레나 산장 : 거인의 이빨과 그랑드조라스 _ 150

여섯째 날,
이탈리아에서 스위스로, 페레 고개 : 산에서 마주한 최초의 두려움 _ 174

일곱째 날,
라폴리와 샹펙스 호수 : 스위스의 아름다운 산골 마을들 _ 200

여덟째 날,
스위스에서 프랑스로, 발므 고개 : 잘 곳 찾아 경황없이 넘은 국경 _ 220

아홉째 날,
테트오방 돌탑 거쳐 락블랑 : 하얀 호숫가 달콤한 하룻밤 _ 246

열흘째 날,
브레방 거쳐 원점 레우슈로 : 타원 한 바퀴 돌아 다시 그 자리 _ 272

알프스 최고의 전망대, 에귀뒤미디 : 보송 빙하의 차가운 혓바닥 _ 300

에필로그 _ 322

▽

intro

△

길 떠나기 전에

1

유럽의 지붕인 알프스 여러 산들 중, 그 최고봉은 몽블랑Mont Blanc, 4,807m이다. 우리의 백두산白頭山, 2,744m과 이름이 같다. 둘 다 '하얀Blanc 머리의 산Mont'이다. 만년설이나 부석으로 정상 봉우리가 사시사철 하얗게 보이는 데서 유래한다.

장구한 인류 역사에 '등산'이라는 개념이 등장한 건 230년 전에 불과하다. 자크 발마와 미셸 파카르가 몽블랑을 처음 등정하기 전까지 인간은 높은 설산을 오를 아무런 이유가 없었다. 폭풍과 눈비로 재앙을 내리는 신이나 악마가 산다고 믿었을 수도 있다.

'알프스 등반'을 뜻하는 '알피니즘Alpinism'이란 용어는, 두 사람이 몽블랑 정상을 밟은 1786년 어느 여름날부터 '고산 등반'을 뜻하는 것으로 그 의미가 넓어졌다. 이후, 세상의 설산들은 인류에게 두려움과 신비의 대상이 아닌 도전과 탐험의 영역으로 바뀌었다.

몽블랑의 유래와 초기 알피니즘 영웅들의 이야기를 소개한 것이 이 책의 첫 장 '몽블랑의 관문, 샤모니'의 내용이다. 이어지는 장은 십 일 동안의 일자별 트레킹 여정의 기록이자 코스별 정보를 담고 있다. 독자들이 따라걷기 쉽도록 일자별 여정을 시간대에 맞추어 순차적으로 기록했다.

2

　알프스의 수많은 산들 중에서 몽블랑을 중심으로 한 십여 개의 산들을, 타원으로 한 바퀴 도는 둘레길이 '투르 드 몽블랑Tour du Mont Blanc(약칭 TMB)'이다. 우리의 지리산 둘레길이 전라북도, 전라남도, 경상남도의 3개 지방에 걸쳐 있듯이, 몽블랑 둘레길은 프랑스, 이탈리아, 스위스 3개국 땅을 골고루 경유하며 하나의 길로 이어진다.

　열흘간의 트레킹은 프랑스 이틀, 이탈리아 사흘, 스위스 사흘 그리고 다시 프랑스로 돌아와 이틀, 이런 식으로 이어지며 이 책 열 개의 장을 순차적으로 구성하고 있다. 프랑스 남동쪽 샤모니 인근 레우슈에서 시작해 레우슈에서 끝나는, 총 거리 170킬로미터의 원점회귀 순환길이다. 나라와 나라의 오래된 길들이 하나의 길로 이어지며, 산과 산이 계곡과 산골마을들로 연결되다가 결국은 처음의 출발점으로 되돌아오는 것이다.

　시계 반대 방향으로 도는 게 일반적이지만 시계 방향도 별 차이는 없다. 한 나라의 세 개 지방 사이에도 미묘한 문화 차이가 있듯이, 유럽의 세 개 나라를 지나며 문화적 지리적 심지어 사람들 분위기까지 다양한 차이를 비교해 느껴볼 수 있다. 사람에 따라서는 9일에도 주파 가능하고 느긋이 13일 정도 일정을 잡기도 한다. 이상과 같은 내용들을 이 책의 핵심 열 개 장에 빼곡하게 담았다.

3

　　트레킹이 끝난 후 해발 3,842미터 전망대에 올라 알프스 전체를 조망하는 내용이 마지막 장인 '알프스 최고의 전망대, 에귀뒤미디'이다. 케이블카로 오르는 과정부터 오른 후의 여러 위치별 달라 보이는 정경이나 소회 그리고 필요한 정보들을 담고 있다. 보송 빙하 등 악마의 긴 혀처럼 차갑게 늘어진 여러 빙하들과, 마터호른 등 알프스 여러 산들의 위치와 시각 특성을 미리 읽어보고 전망대에 오르면, 에귀뒤미디에서의 짧은 몇 시간이 훨씬 더 유익해질 수 있다.

4

　　몽블랑 둘레길 또는 투르 드 몽블랑은 최저해발 960미터에서 최고 2,600미터 사이를 오르고 내리기를 매일 반복하는 산악 트레일이다. 무려 한 달이 소요되는 산티아고 순례길이 지형적으로는 평지 트레킹에 가깝다는 특징과 비교된다. 산길임에도 불구하고 안내 이정표는 산티아고만큼이나 잘 되어 있어, 길 찾아가기는 어렵지 않다.

　　고도차 1,000미터 내외의 오르막 내리막이 매일 반복되는 몽블랑 둘레길은, 상승 고도차를 모두 합치면 거의 10,000미터에 가깝다. 한라산 백록담을 매일 한 번씩 올랐다 내려오기를 십 일 동안 반복하는 수준인 것이다.

↑ 페레 고개 넘어 이탈리아에서 스위스의 라풀리 마을로 내려가는 길

↑ 열흘째 마지막 날, 라플레제르 앞. 우측 둥그스름한 흰 봉우리가 몽블랑이다

최저해발 820미터에서 최고 5,416미터까지를 내리막 없이 십 일 동안 계속 올라가는 안나푸르나 서킷과도 비교된다. 십 일간의 누적 고도차가 10,000미터와 4,596미터인 만큼, 몽블랑이 안나푸르나보다 두 배 이상의 에너지가 소요된다는 확대해석도 가능하다. 물론 안나푸르나에서의 고산증세로 인한 극도의 에너지 소모는 논외로 하면 그렇다는 것이다.

다른 길들을 한 달 동안 걸은 경험도 여러 번인데 고작 십 일쯤이야, 하고 얕잡아봤다가 애를 좀 먹었다. 출발 전에 체력훈련을 좀 신경 써서 해두면 훨씬 더 흥겹고 유쾌한 여정이 될 수 있다. 주말 되면 동네 뒷산이라도 오르고 싶어 몸이 근질근질해지는 기질이라면 평소에 기본체력은 관리되어 있을 터이다. 조금만 더 체력 보완을 하면 누구든지 몽블랑 둘레길 종주에 큰 어려움은 없을 것이다. 그래도 체력이 염려되면 종주 기간을 이삼 일 정도 늘려 잡는 것도 방법이다. 체력은 물론이고 직장이나 사업에 묶여 시간 여유도 많지 않다면, 종주보다는 일부 구간을 대중교통으로 건너뛰는 방법도 있다.

6월 말에 출발하면서 아이젠을 빠트리고 갔다가 빙하구간에서 두 번의 위험한 상황을 만났다. 7월 말 이후라면 둘레길의 눈은 거의 다 녹아, 더 편하고 안전한 트레킹이 될 것이다. 그러나 알프스의 설원을 사각사각 밟는 감촉을 느끼고 싶다면, 월동 장비를 좀 갖춰서 6월은 넘기지 않고 출발하는 게 좋겠다.

백팩킹이 아니라 우리 둘처럼 숙박을 원한다면 시기는 한정되어 있다. 대부분의 산장 숙소들이 6월 중순부터 9월 말까지만 영업을 하기 때문이다. 7월 초부터 9월 중순까지만 오픈하는 곳들도 있으니, 숙소 확인과 예약이 필수이다.

유럽까지 날아가는 비행기 시간과 교통비를 감안하면, 몽블랑 십여 일 여정만으로 끝내고 돌아오기엔 아쉬움이 남을 것이다. 이삼 일 정도의 여유가 더 있다면 샤모니에서 바로 인근인 스위스 인터라켄으로 이동하여 융프라우 여행을 추가하는 것도 좋겠다. 몽블랑 주변과 에귀뒤미디에서 설원과 빙하를 충분히 느낀 뒤라서, 융프라우에서는 좀 식상할 수도 있다.

나의 경우는 추가 십 일의 여유가 있어 이탈리아 여행에 올인했다. 버스로 샤모니 터널 국경을 넘은 후 밀라노, 베니스, 친퀘테레, 피렌체, 로마 순으로 여행했다. 이탈리아 다섯 도시에 각각 이틀 정도씩 할당할 수 있었고, 스위스 제네바로 이동하여 이틀 머문 후 귀국했다. 몽블랑 트레킹 이후의 여행으로는 가장 효율적인 동선이라고 생각한다. 며칠 더 여유가 있다면 남쪽으로 나폴리나 폼페이 등지를 마저 여행하면 금상첨화일 것이다.

5

투르 드 몽블랑TMB에 대한 가이드북으로서 다음 두 가지 면을 염두에 뒀다. 첫째는, 기다랗게 타원으로 이어진 둘레길 전 구간을 가급적 잘게 세분화하고 각 포인트 지점들을 소제목으로 마디처럼 이었다. 트레킹 현지에서 자신의 현 위치를 그때그때 수시로 파악하기가 손쉬울 것이다. 혹은, 책 순서에 관계없이 중간 어디이든 관심 있는 구간만 골라 읽기에도 편리할 것이다. 둘째는, 각 마디마다의 소요시간이나 해발고도, 지명, 유래 등의 객관적인 정보들을 가급적 많이 담으려 했고, 매 구간 풍광들에 대한 일반 트레커 관점에서의 느낌이나 소회를 담담하게 덧붙였다. 어느 여행에서나 일어날 수 있는 사적인 에피소드들은 배제했다.

준비하는 분들께는 유용한 예습이, 현지를 걷는 분들께는 실질적인 도움이, 다녀온 분들께는 즐거운 복기의 기회가 되었으면 좋겠다.

몽블랑의 관문,
샤모니

알피니즘의 기원을 더듬다

TOUR DU MONT BLANC

　　일요일 오후 한 시에 인천공항을 이륙했다. 멀고 먼 하늘길을 날아 낯선 공항에서 비행기를 갈아타곤 이윽고 또 다른 낯선 공항에 내렸다. 리무진 버스에 올라 밤길을 달려 낯선 숙소에 배낭을 풀었지만 날짜는 여전히 바뀌지 않았다. 여행 때마다 매번 느끼지만 시간을 거슬러왔다는 게 잠시 또 신기해졌다. 6월의 마지막 일요일 밤 11시, 시차 일곱 시간을 감안하면 출국한 지 열일곱 시간 만이다. 샤모니 한인민박 알펜로제의 2층 방 한편에서 안 박사는 짐 정리에 바쁘고, 나는 잠시 느긋한 게으름을 즐기고 있다.
　　오늘 지나온 여정에 여운이 남는다. 러시아 항공의 여전사 같던 승무원들의 투박함이 잠시 머리에 스쳤다. 두 시간 머물렀던 모스크바 공항은 여기저기 보이는 간판 글자들로 인해 러시아 땅임을 실감할 수 있었다. 배낭 메고 리무진 버스 승강장을 찾느라 헤매었던 제네바 공항은 스위스 땅임을 확인할 뚜렷한 단서가 눈에 띄지 않았다. 알피 버스Alpi Bus에 올라 샤모니 숙소 앞에 내리기까지는 한 시간이 걸렸다. 어둠 속이었지만 높이 솟은 설산 봉우리들이 차창 너머 언뜻언뜻 자태를 드러냈다. 비로소 실감이 왔다.

　알프스의 산자락으로 들어선 것이다. 드디어 샤모니에 왔고, 꿈에 그리던 몽블랑은 어둠 속 멀지 않은 곳에 확실히 솟아 있는 것 같다.

　양말 한 켤레, 팬티 한 장, 비상약품 몇 알, 볼펜 한 자루…. 트레킹 중에 필수가 아니라고 여겨지는 여분 물품들은 단 몇 그램일지라도 다 빼냈다. 십여 일 후 몽블랑 일주를 마치면 다시 돌아올 예정이기에 이곳 숙소에 맡겨두면 되는 것이다. 장거리 트레킹에서의 배낭 무게 최소화는 현대전 참전 용사의 첨단무기만큼이나 중요하다. 출국 일주일 전부터 넣고 빼고를 반복하던 배낭 무게는 출국날 아침 비로소 결정되었는가 싶더니, 결국은 이곳 샤모니까지 와서야 최종 확정이 되었다. 그래 봐야 큰 차이는 아니었다. 집 떠날 때 14킬로그램이었던 배낭 무게에서 고작 300그램 정도 줄었을 것이다. 짐 정리 끝내고 한 시에 침대에 들자마자 기분 좋게 잠이 들었다.

　눈을 뜨니 아침 일곱 시다. 시차적응이고 뭣이고 할 게 없었다. 그저 개운하고 상쾌했다. 알프스의 정기 넘치는 기운이 지난 밤 내 잠든 영혼에 물씬물씬 기어들어 왔음이 틀림없다. 알프스에 대한 기대감으로 충만했던 몸과 마음은 이에 반사적으로 부응했을 것이다. 어제의 오랜 비행시간과 여독을 감안하면 오늘 하루쯤은 이 숙소에 퍼져 나뒹굴 필요도 있었다. 그러나 엄격한 우리 일정은 오늘이 바로 트레킹 1일 차다. 강을 건너고 계곡을 지나 해발고도 차 수

↑　샤모니 남서쪽 외곽 지역, 한인민박 알펜로제 주변의 아침

↑ 샤모니 쉬드 버스 정류장. 레우슈행 버스를 기다리고 있다
↓ 샤모니 발마 광장에서 만난 '늘푸른수토일 산악회' 이상라 대장과 회원들

투르 드 몽블랑 | 몽블랑의 관문, 샤모니

백 미터의 고개를 오늘 오후 동안 두 개나 넘어야 한다. 우리의 숙소가 예약되어 있는, 저 멀리 레콩타민이라는 산속 마을까지이다.

TMB 가이드북

이른 아침의 샤모니 중심가는 한적하면서 평화롭고 또한 포근하였다. 문방구처럼 보이는 조그만 서점으로 들어섰다. TMB에 대한 상세 지도와 가이드북을 구비하는 것이 트레킹 출발 전에 해야 할 가장 중요한 일이었다. 주인이 추천해주는 두 종류의 지도를 안 박사와 하나씩 받아들었다. 내 손에 들려진 5만 분의 1 배율의 지도를 펼쳤다. 지도상 10센티미터가 실제로는 5킬로미터에 해당하니 실거리를 가늠하기도 쉬워 보였다. 중앙 부분에 TMB 루트를 나타내는 진홍색 타원이 선명하다.

앞으로 십 일 동안 두 발로 걸어 한 발자국 한 발자국 밟아 돌아야 할 이 순환길을, 십여 초 만에 두 눈으로 한 바퀴 쓰으 돌았다. 세이뉴 고개, 페레 고개, 발므 고개, 3개국 국경을 지나는 고개 세 곳에 힘주어 시선을 꽂았다. 주요 거점이 되는 다른 지역들에도 순차적으로 눈길을 주며, 지명들을 읽고 다시 되뇌어봤다. 어떤 정경, 어떤 일들이 기다리고 있을까? 살짝 두려움도 앞섰지만 역시 가슴은 다시 울렁울렁 요동친다. 먼 길을 걷기 시작하는 날 아침은 늘 이랬다.

가이드북에 대해서도 물었다. 서점 주인은 자신 있게 단 한 권만을 추천한다. 케브 레이놀즈Kev Reynolds의 『The Tour of Mont

Blanc:Complete Two-way Trekking Guide』. 전에 인터넷으로 검색해뒀던, 눈에 익은 표지였다. 'TMB 양방향 트레킹을 위한 완벽 가이드북' 정도로 번역될 수 있겠다.

　시계 반대 방향으로 안내하는 가이드북의 표준 종주 일정은 십일 일이었다. 우리의 계획은 십 일이면서도 총 거리는 케브 레이놀즈의 안내보다 조금 더 길게 잡았다. 정규 루트에서 벗어나 두 개의 호수, 락조베와 락블랑까지 추가로 다녀오는 우회 루트를 택했기 때문이다. 그 외에는 가이드북 거의 모든 여정이 우리의 계획과 같았다. 지도와 사진, 도표와 본문 글들의 배치가 한눈에 봐도 일목요연하게 정리되어 있는 안내서임을 알 수 있었다.

　영어읽기를 성가셔하는 내가 트레킹 중 본문 내용을 꼼꼼히 읽을 일이야 없겠지만, 11개 구간별 거리와 해발 그리고 지역 특성을 보여주는 지도와 도표들이 큰 도움이 될 것임을 단박에 알 수 있다. 어젯밤 제네바 공항에서 샤모니까지의 리무진 버스 교통비 25유로는 이번 여행의 첫 번째 현금 지출이었고, 오늘 아침 지도 11유로와 가이드북 22유로는 첫 번째 카드 지출이 되겠다.

샤모니 중심가

닥터 파카르 거리Rue du Docteur Paccard, 샤모니에서 가장 번화한 곳이라지만 사람들로 북적이기에 오전 열 시는 아직 이른 듯하다. 기념품과 등산용품 매장이 즐비하고 카페 레스토랑 몇 군데도 이제 막 문을 열었나 보다. 건물 하나하나가 각기 고유의 색과 개성을 뽐내며 거리 전체에 조화를 주고 있다. 2층 창문에 매달린 화분 속 형형색색의 꽃들은 지나는 이들의 콧구멍을 간질이며 향긋한 내음을 뿜어대고 있다. 많지 않은 인파들 속에서도, 자기 키만큼의 배낭을 짊어진 사람들의 위용은 이 아름다운 산속 마을을 가장 잘 특징짓는 이미지일 것이다.

거리 왼편 3층 건물에 시선이 확 꽂힌다. 각 층 베란다마다 사람들이 여럿씩 모여 서서 내 쪽을 주시하고 있는 모습들이 사람을 흠칫하게 하면서 독특하다. 자일에 매달려 있는 사람 등 다양한 군상들이지만 내가 가까이 다가가도 그들은 움직임이 없다. 벽화였다. 착시를 일으킬 만큼 교묘하게 잘 그려놓았다. 몽블랑의 역사를 빛낸 스무 명의 인물들이 벽화 속 주인공들이었다.

닥터 파카르 거리와 이어진 발마 광장에서는 알프스의 영웅 세 사람과 만날 수 있다. 몽블랑을 처음으로 세상에 알렸고, 오늘날의 샤모니를 있게 한 이들이다. 광장에 들어서면 두 사람이 함께 서 있는 동상이 가장 먼저 눈에 띈다. 허리를 약간 숙이고 한 손으로 멀리 몽블랑 봉우리 지점을 가리키는 사람은 이 광장 이름의 주인이다. 자크 발마Jacques Balmat, 몽블랑 등정에 최초로 성공한 샤모니 사람 2인조 중 한 명이다. 그 옆에 꼿꼿이 서서 발마의 설명을 듣고 있는 사람은 오라스 소쉬르Horace Saussure, 이곳 샤모니를 세상에 알리고 유럽인들에게 몽블랑 등정의 꿈을 최초로 심어준 인물이다. 동상에서 보이듯 두 사람의 관계는 흡사 주종 간의 모습을 떠오르게 한다. 발마는 조수의 이미지인 반면 소쉬르는 위풍당당하고 높은 품격이 엿보이는 주인의 자태이다.

오라스 소쉬르

고대로부터 수많은 종류의 레저와 스포츠가 인류와 함께 있어왔지만, '등산'이라는 개념은 그 역사가 230여 년에 불과하다. 바로, 동상의 주인공 두 사람에게서 비롯되었다. 자크 발마의 몽블랑 등정이 인류 최초의 등산으로 기록되고, 그 계기를 제공한 사람은 소쉬르였다.

↑ 샤모니 중심가 닥터 파카르 거리의 명물인 건물벽화

오라스 소쉬르를 지칭하는 타이틀은 참으로 많다. 지질학자, 기상학자, 생물학자, 물리학자, 식물학자, 광물학자, 자연과학자, 등산가, 알프스 연구가. 제네바의 귀족 가문에서 태어난 그는 공부 많이 한 과학자였지만 젊은 시절부터 주변의 산들을 섭렵하는 모험가이기도 했다.

당시만 해도 산간 오지에 불과했던 샤모니를 식물 채집차 방문했던 소쉬르는, 해발 2,526미터의 브레방에 올랐다가 넋을 잃었다. 샤모니 계곡을 사이에 두고 마주한 거대 설산의 위용이 혈기왕성한 젊은이의 영혼을 송두리째 빼앗은 것이다. 해발 4,807미터의 봉우리에 일 년 열두 달 흰 눈을 뒤집어쓰고 있던 무명의 설산은, 소쉬르와의 이 만남을 통해서 '하얀blanc 산mont', '몽블랑'이라는 고귀한 이름을 얻었다.

몽블랑에 매료된 소쉬르는 산 정상에 오르고 싶은 욕망이 간절했다. 그러나 몇 번의 시도 끝에 자신의 능력으론 한계가 있음을 알고 결국은 포기했다. 대신에 저 산 정상까지 등반로를 찾아 올라간 이에게는 큰 상금을 주겠다는 공언을 남겼다. 세월은 흘렀지만 소쉬르의 상금에 욕심을 내는 사람들은 나타나지 않았다.

저 '흰 산' 봉우리까지 오른다는 건 감히 상상도 할 수 없는 일이었다. 무시무시한 악마들이 몽블랑 꼭대기에 살고 있다고 믿었기 때문이다. 천둥 번개와 벼락을 내리치고 거대한 눈사태를 일으켜 자신들의 삶의 터전을 한 순간에 부숴버리는 게 모두 그 악마들 소행인지도 모를 일이었다. 몽블랑을 오르려는 시도 자체가 악마들 심기를 건드려 더 큰 재앙을 불러올지도 모른다는 우려도 있었다. 자연과학에 무지했던 시절, 나약한 인간들이 품을 수 있는 당연한 두려움이었다. 용기 있는 선각자들에 의해 두어 번의 시도는 있었지만 모두 실패했고 소쉬르의 상금은 그렇게 무용지물로 남아 있었다.

발마와 파카르

26년이란 긴 세월이 흐르고 나서야 비로소 상금의 주인이 나타났다. 자크 발마와 미셸 파카르Michel-Gabriel Paccard가 그들이었다. 발마는 금과 수정을 채취하거나 농사를 지으며 먹고 사는 사람이었고, 파카르는 의사였다. 샤모니 사람들이면서 몽블랑 정상에 오르는 꿈을 오래전부터 키워왔지만 한 번 도전했다가 각자 실패한 경험이 있다는 게 두 사람의 공통점이었다.

재도전 기회를 엿보던 둘이 우연히 만나면서 단박에 의기투합이 되었다. 무엇보다도 서로의 이해가 톱니처럼 맞아떨어졌다. 파카르에게는 경험 있고 강인한 동행인이 필요했고, 발마는 자신보다 신분이 높은 사람이 함께해서 등정의 전 과정을 세상 사람들에게 입증해주기를 원했다.

1786년 어느 여름날, 마침내 그들은 1박 2일 동안의 사투 끝에 몽블랑 정상에 섰다. 오늘날과 같은 산행 장비와 과학도구 같

↑ 발마 광장에 서 있는 소쉬르(키 큰)와 발마(오른손 든)의 동상
↓ 샤모니 쉬드에서 보이는 보송 빙하 끝자락

투르 드 몽블랑 | 몽블랑의 관문, 샤모니

은 건 있지도 않았던 시절의 설산 등반이었다. 그야말로 죽음에 맞선 도전임에 틀림이 없었다. 하산한 그들은 전 유럽의 영웅이 되었다. 악마도 없었고 인간이 오를 수 없는 곳도 아니었음을 입증해낸 그들이었다. 태고 이래 인간의 발길을 허용치 않았던 몽블랑 속살이 두 사람에 의해 베일을 벗었다.

세상 일이 대체로 그렇듯 누군가와 함께 일궈낸 성취의 과실은 사이좋게 나눠지는 법이 흔치 않다. 파카르는 설맹과 극한의 고통으로 정상 근처에서 멈췄고, 따라서 몽블랑의 진정한 정복자는 자크 발마 혼자라는 게 정설로 굳어졌다. 이기심과 영웅심에 사로잡힌 발마의 거짓선전 때문이기도 했고, 신분이 높은 파카르를 시기하는 일부 사람들의 질시도 한몫 거들었다.

무엇보다도 발마가 자신만의 영웅담을 강조하는 인터뷰 내용이 대문호 알렉산드르 뒤마의 글로 발표되면서 발마 혼자 유럽 세계에 일약 스타로 떠올랐다. 파카르의 이름은 점차 세간에 잊혔고, 몽블랑 정복자는 오로지 발마 혼자인 것으로 굳어졌다. 100년 후 알프스 최초 등정의 영웅을 기리는 동상 건립에도 주인공은 소쉬르와 발마뿐이었다. 발마 광장에 서있는 두 영웅의 동상이 그것이다.

파카르도 발마와 함께 몽블랑 정복에 성공했다는 사실은 다시 백여 년 세월이 흐른 후에야 밝혀졌다. 소쉬르의 증손자가 보관하고 있던 자료를 통해서였다. 발마 광장에 서 있는 소쉬르와 발마 두 사람의 입상 조금 뒤에는 파카르의 좌상도 있다. 오랜 세월 잘못된 진실로 파카르를 잊고 있던 사람들이 그에 대한 미안한 마음을 담아 추가로 좌상을 건립해준 것이다. 그리고 샤모니에서 가장 번화한 거리에도 그의 이름을 붙여줬다. '닥터 파카르Docteur Paccard 거리', 즉 '파카르 박사의 거리'인 것이다.

알프스의 최고봉 몽블랑이 인간에게 정복되면서 알피니즘은 유럽을 중심으로 큰 붐을 일으켰다. 발마와 파카르 이후 인간들은 200년이란 짧은 기간을 통해, 지구상에 있는 모든 고봉은 빠짐없이 정복을 해버리는 성과를 만들어냈다.

몽블랑 등정의 베이스캠프이자 인류 등반 역사의 메카나 다름없는 샤모니Chamonix Mont-Blanc, 이 소도시의 중심지인 파카르 거리와 발마 광장에서 3인 영웅의 자취를 느껴보며 몽블랑 트레킹을 시작한다. 알프스 여러 산들과 함께 그 둘레를 한 바퀴 돌아 십 일 후 다시 이곳으로 안전하게 돌아올 것이다.

이름에서 시외버스 남부터미널 같은 느낌을 주는 샤모니 쉬드Chamonix Sud에서 버스를 탔다. 오전 열한 시 십 분, 레우슈를 향해 가는 버스는 크고 작은 배낭을 둘러맨 사람들로 가득했다.

몽블랑 관문
샤모니

📍 숙박 시설

한인민박 알펜로제 Alpenrose
전화 +33(0) 450 537 792
핸드폰 +33(0) 608 998 508
홈페이지 www.chamonix-alpenrose.com

샤모니 롯지 Chamonix Lodge
전화 +33(0) 457 659 808
홈페이지 chamonixlodge.com
이메일 stay@chamonixlodge.com

마누아르 Auberge du Manoir
전화 +33(0) 450 531 077
홈페이지 www.chalethotelchamonix.fr

샤모니 호텔 Hôtel Le Chamonix
전화 +33(0) 450 531 107
홈페이지 www.hotel-le-chamonix.com
이메일 hotel-le-chamonix@wanadoo.fr

샬레 레티수르 Chalet Les Tissourds
전화 +33(0) 450 558 308
홈페이지 www.collineige.com
이메일 sales@collineige.com

마운틴 롯지 La Chaumière Mountain Lodg
전화 +33(0) 450 531 325
홈페이지 www.chaumierelodge.com
이메일 info@chaumierelodge.com

첫째 날,
레우슈에서 레콘타민까지

미아지 산장에서 듣는 몰다우

TOUR DU MONT BLANC

    버스에 오르기 전, 브레방 정상 주변을 바라보며 잠시 넋을 잃었다. 수천 미터 상공을 날아다니는 일고여덟 개의 패러글라이더, 마치 동네 뒷산 언덕의 꽃밭을 맴도는 나비 떼의 날갯짓을 닮았다. 네팔 포카라의 사랑코트에서 봤던 정경이 이와 같았다. 패러글라이더들끼리 서로 충돌이나 하지 않을까, 저 높은 창공에서 심장이 멎어버리지나 않을까 걱정하면서도 부러움 가득한 심정이었다. 몽블랑 둘레길 한 바퀴를 거의 끝내고 마지막으로 브레방에 오르는 십 일 후 그날, 우리는 저 아름다운 정경을 좀 더 가까이에서 지켜보며 서 있을 것이다.

    샤모니 계곡은 스위스 국경인 발므 고개Col de Balme에 시작된다. 남서쪽 프랑스 땅으로 길게 이어져 보자 고개Col de Voza까지 23킬로미터에 걸쳐 있다. 계곡의 남쪽으로는 몽블랑과 그의 동생 그랑드조라스가 만년설의 왕관을 뒤집어쓴 채 병풍이 되어 있고, 반대편 북쪽으로는 브레방Le Brevent 산과 에귀 루지Aiguilles Rouges의 바위산들이 낮게 마주보며 몽블랑을 호위하고 있다.

계곡의 가장 낮은 대지만을 골라 회색의 아르브 강l'Arve이 알프스 빙하들을 거센 물살로 실어 나르고 있다. 길이 100킬로미터의 아르브 강은 이렇게 샤모니 계곡을 휩쓸어 지나며 제네바 근처까지 흐르고 흘러 거대한 론 강Rhône에 합쳐진다.

레우슈

샤모니 계곡의 서쪽 끝자락에는 아담한 산악마을 레우슈Les Houches가 자리 잡고 있다. 일직선으로 내려오던 아르브 강이 갑자

↑ 샤모니 쉬드에서 출발하는 중. 뒤는 몽블랑과 보송 빙하

기 북쪽으로 90도 방향을 트는 모서리 지점이다. 제네바까지 이어지는 도로를 따라 샤모니에선 7킬로미터 떨어져 있다. 알프스의 중심인 샤모니와는 비교할 바 못 되지만 레우슈도 몽블랑 등정 출발지의 한 곳이기도 하면서, 스키 등 겨울 스포츠로도 인기가 높은 곳이다. TMB를 시작하는 출발점이면서 타원 루트 한 바퀴를 돌아 다시 오는 종착점이기도 하다.

TMB는 레우슈에서 시작하여 레우슈에서 끝난다. 시계 방향으로 한 바퀴 돌 수도 있지만, 시계 반대 방향으로 도는 방식이 좀 더 보편화되어 있다. 열한 시 십 분에 샤모니를 출발한 버스는 십오 분 후에 레우슈의 벨뷔Bellevue에 도착했다. 꽃과 화분으로 장식된 거리와 형형색색의 이삼층 목조건물들이 어울려 아름다웠다. 배낭

↑ 벨뷔 케이블카를 내리면 다섯 개의 이정표가 각 방향을 안내해준다

↑ 벨뷔 언덕 아래의 트램 역. 몽블랑 등반 시작점인 니데글이 종점이다.
TMB 루트는 철길 건너 왼쪽으로 완만한 내리막이다

투르 드 몽블랑 | 첫째 날

을 짊어진 트레커들이 느긋하게 오가는 분위기와 함께 편안하고 정겨운 느낌을 주는 마을이다.

벨뷔 케이블카 승강장Teleferique de Bellevue 건물 앞에 배낭을 내려놨다. 안 박사가 혼자 들어가서 14유로짜리 티켓 두 장을 사들고 왔다. 열두 시에 출발하는 케이블카, 삼십 분의 여유시간이 남아 있다. 먼 길 떠날 마지막 점검을 하기엔 충분한 시간이다.

케브 레이놀즈의 가이드북에 따르면, 레우슈에서 레콘타민까지 가는 오늘의 첫 구간은 두 개의 루트 중 하나를 선택해야 한다. 해발 1,007미터의 이곳 레우슈에서 1,653미터 보자 고개Col de Voza까지 오른 후, 비오나세Bionnassay. 1,314m를 거쳐 레콘타민Les Contamines. 1,167m까지 완만하게 내려오는 총 거리 16킬로미터 루트를, 가이드북은 정규코스로 소개하고 있다.

대체코스는 거리 18킬로미터에 난이도 또한 더 높다. 처음에 보자 고개까지 오르는 것은 똑같지만 이후 왼쪽으로 방향을 바꾼다. 벨뷔 케이블카 승강장을 지나 해발 2,120미터의 트리코 고개Col de Tricot까지 넘은 후 다시, 오르고 내리고를 반복하여 레콘타민에 이르는 루트이다. 고도를 500미터 가까이 더 높이 오르는 만큼 난이도야 있겠지만 그에 상응하는 멋진 경관이 이를 보상할 것이다. 첫날부터 진을 빼기에 좀 부담스럽다면 레콘타민까지 가지 말고 도중에 미아지 산장Refuge de Miage이나 트뢱 산장Refuge de Truc에서 하룻밤 머물기를, 가이드북은 추천하고 있다.

우리의 오늘 계획은 후자인 대체코스 쪽이다. 트리코 고개에서 펼쳐질 TMB의 멋진 경관을 첫날부터 놓치기엔 너무나 아까운 일 아니겠는가? 도중인 미아지 산장이나 트뢱 산장에 머물지도 않고 레콘타민까지 가는 것이다. 대신에 시작부터의 난이도를 감안하여, 해발 1,794미터 벨뷔 언덕까지 초기 5킬로미터는 걷지 않고 케이블카를 이용하는 것이다. 전체 일정을 십 일로 맞추는 데에 지장을 주지 않고, 트리코 고개의 멋진 장관도 놓치지 않으면서 또한 첫날부터 너무 많은 힘을 빼버릴 위험까지 상쇄해주는, 나름대로는 일석삼조의 방안으로 생각되었다. 더욱이 레우슈에서 보자 고개까지의 오르막은 전망도 별로라는 말을 어디선가 주워들은 때문이기도 했다.

벨뷔 언덕

문이 닫히고 잠시 후 케이블카는 움직이기 시작했다. 정확히 정오 열두 시였다. 실내는 배낭을 손에 든 사람들로 꽉 들어차 있어 바깥 시야가 부분적으로 가려지는 게 다소 아쉬웠다. 레우슈 마을이 멀어지면서, 오전 시간을 보냈던 샤모니 전체 모습이 점차 한눈에 들어온다. 유리창 너머 드러나는 샤모니 계곡 정경에 승객들 사이사이 감탄의 소리들이 코러스를 이룬다.

우리를 메어 단 케이블선 바로 아래의 전나무 숲이 저리도 울창하고 키가 컸구나 새삼 확인하고 있다. 그것도 잠시, 상승하는 롤러코스터처럼 케이블카는 재빠르고 거의 수직으로 솟아올랐다. 맞은편에서 내려오던 케이블카는 눈 깜짝할 사이에 우리를 스쳐 지상을 향해 내리꽂고 있다.

잠시 후 케이블카는 멈췄고 우리는 벨뷔 능선에 내려섰다. 레우슈와 샤모니는 조그만 성냥갑들을 오밀조밀 쌓아놓은 장난감 마을이 되어 있었다. 샤모니 계곡을 흐르는 아르브 강의 기다란 물줄기 전체가 한눈에 들어왔다. 회색의 빙하수로 채워져 길게 늘어진 아르브는, 샤모니보다는 레우슈 주변에서 수량이 풍부하고 강의 폭도 가장 넓음을 알 수 있었다.

우리가 케이블카를 타지 않고 걸었다면 지나왔을 보자 고개도, 왼쪽에서 완만한 능선을 드러내고 있다. '아, 여기가 바로 거기일 거야.' 언젠가 꿈속에서 만나 중얼거렸을 법한 에덴동산의 정경을, 현실 세상에서 느끼는 경우가 간혹 있다. TMB 첫걸음을 시작하는 지금이 바로 그런 순간이다. 노란 야생화가 만발한 녹색의 평원을 걸으며, 멀리 설산 봉우리에 걸린 흰 구름들을 수채화 보듯 바라본다.

각기 다른 방향을 가리키는 팻말이 다섯 개나 붙은 이정표 앞에 멈춰 섰다. 처음 만나는 TMB 이정표이다. 한동안 찬찬히, 꼼꼼히 훑어본다. 트리코 고개까지 두 시간 십오 분, 미아지 산장까지 세 시간 삼십오 분…. 몇 시간 후에 만나고 지나갈 거점들이, 눈앞에 펼쳐진 산과 숲 속 어딘가에 자리 잡고 있다. 이곳은 해발 1,801미터, 한라산 백록담에 버금가는 고도이지만, 트리코 고개까지는 319미터를 더 올라가야 한다.

몽블랑 트램 역

약간의 내리막을 걸은 지 오 분 만에 또 다른 그림과 마주한

↑ 트리코 고개에 도착. 뒤로는 미아지 산장으로 가는 급경사 내리막이 펼쳐져 있다

다. 눈앞을 가로질러 좁은 철길이 길게 놓여 있고 그 한가운데에 삼각지붕의 목조건물 하나가 서 있다. 몽블랑 트램 벨뷔 역Gara de Bellevue이다. 해발 2,000미터 가까운 곳에서 기차역을 만난다는 게 신기했다. 녹색의 벤치 세 개에는 간편 차림이거나 혹은 큼직한 배낭을 짊어진 이들이 옹기종기 모여 기차를 기다리고 있다. 가볍게 주변을 관광하려는 어르신들이거나 몽블랑 정상까지 오를 젊은 산꾼들이다.

짙은 빨강색의 두 량짜리 기차가 오른쪽 숲 속에서 소리 없이 나타나 우리 앞에 섰다. 규슈 올레 주변을 오가던 일본의 한 량 두 량짜리 기차처럼 아담하고 포근하고 정겨운 자태이다. 기다리던 사람들이 천천히 올라타고 트램은 다시 왼쪽 숲으로 조용히 사라져 갔다.

트램이 떠난 역은 다시 썰렁해졌다. 벽에 붙은 안내판이 저 트램의 행선지를 알려준다. '니데글Nid D'Aigle까지 20분'. 트램의 종착지이기도 하면서 몽블랑 등반이 시작되는 해발 2,372미터 거점이다. 니데글에 내려서부터 등산을 시작하여 테트 루스Tete Rousse를 거쳐 베이스캠프나 다름없는 구테Gouter 산장에서 잠시 또는 하룻밤 숨을 고르고 난 후, 몽블랑 정상에 도전한다고 한다. 프랑스와 이탈리아 방향에서 몽블랑을 정복하는 모두 일곱 개 방법 중에서는 이 니데글, 구테 코스가 가장 일반적이고 유명한 모양이다. 조금 전 트램에 탔던 두 명의 알피니스트는 아마도 내일 오전쯤 몽블랑 정상에 올라 거친 숨을 몰아쉬며 환희에 젖어 있을 것이다.

← 비오나세 빙하수 급류 위에 놓인 출렁다리 또는 히말라야 구름다리

철길을 건너면 길은 왼쪽으로 꺾이며 숲 속으로 향한다. 45도 능선을 따라가는 오솔길이다. 방금 전까지도 확 트였던 시야는 우거진 숲과 흐드러진 나뭇가지들에 가렸지만 가끔씩 드러내 보이는 한여름 설산의 모습들이, 이곳이 알프스 중턱임을 일깨워준다.

내리막이 계속되면서 발걸음도 가볍고 빨라지지만 은근히 염려되기도 한다. 해발 2,000미터를 넘어야 하는데 많이 내려가는 만큼 오르막은 더 길고 힘들어질 것이다. 멀리 앞서간 안 박사가 오른쪽으로 방향을 트는 모습이 보이며 내 발걸음도 조금 더 빨라진다.

히말라야 구름다리

오른쪽으로 틀어지는 길목에 두 명의 동양인 남자가 잔디밭에 드러누워 있다. 세상에서 제일 행복한 자세로 보인다. 둘 다 양팔로 팔베개를 하고 한쪽 발을 다른 쪽 무릎에 올려놓고 있다. 지나가는 나에게 일체 반응이 없는 걸로 보아 잠이 들었거나 각자의 상념에 젖어 있는 듯싶다. 우리처럼 벨뷔에서 케이블카를 내려 트레킹을 시작했다면 아직 한 시간밖에 안 지난 지금 저리 퍼져 있을 리는 없다. 아마도 우리와는 반대방향으로 일주를 거의 마치는 중이거나, 케이블카를 타지 않고 처음부터 걸어서 보자 고개를 넘어온 트레커들일 것이다. 여행 중 종종 만나는 정경이다. 자연의 품에 몸과 마음을 내맡긴 채 저렇게 무아지경인 그들의 느낌을 나는 언제나 잘 알 수 있다. 바라보는 것만으로도 더불어 행복해진다.

거대한 폭포가 가까워진 모양이다. 시원한 물줄기가 뿜어내는 화음이 귓가를 간질이고, 등줄기를 적셨던 땀방울들이 서늘하게 증발돼버리는 느낌이다. 폭포라고 해야 할지 강이라 해야 할지, 45도 각도로 쏟아져 흐르는 급류가 앞을 가로막고, 그 위로 가늘고 기다란 구름다리 하나가 늘어져 있다. 다리 한가운데에 멈춰선 안 박사가 사진을 찍어달라고 두 손 들어 손짓한다. 흔들거리는 다리 위에서 중심 잡으려 애쓰는지 약간은 부자유스런 포즈이다.

몽블랑 중턱에서 수만 수천 년 세월을 버텨온 비오나세 Bionnassay 빙하가 스스로의 무게를 이기지 못해 밀리며, 구름다리 주변에 아담한 빙하호를 만들었다. 그 호수에 넘쳐난 빙하수가 다리 밑 경사를 타고 급류가 되어 흐르는 것이다. 안 박사와 달리 겁이 많은 나로서는 사진이고 뭐고 일단은 빨리 건너버리는 게 우선이다. 다리 밑으로는 눈길 한번 주지 않고, 고개 바짝 들어 맞은편 숲만 바라보며 허겁지겁 걸음을 옮겼다. 맞은편 숲 앞에서 다리를 뒤돌아보기까지는 눈 깜빡 할 순간이었다.

트리코 고개

벨뷔 케이블카를 내린 지 한 시간, 빙하호 구름다리까지는 완만한 내리막을 쉽게 지나왔다. 지금은 반대로 거의 기어가다시피 하고 있다. 해발 1,720미터의 구름다리부터 오르막이 시작된 지 삼십 분밖에 안 지났지만 벌써 두 번째, 풀밭에 대자로 나자빠져 있다.

1

2

3

투르 드 몽블랑 | 첫째 날

4

5

1. 벨뷔 고개 너머 구름다리 가는 길에 동양인 두 사람 2. 트릭 산장에서 올려다보는 트리코 고개 3. 트릭 산장, 오른쪽에서 들려오는 소들의 워낭소리가 정겹다 4. 미아지 산장으로 가는 길은 가파른 내리막이다 5. 트리코 고개의 산양 가족

2,120미터의 트리코 고개까지 겨우 400미터 오르는 길인데 첫날 첫 오르막부터 힘을 못 쓰고 있다.

아무래도 너무 방심한 것 같다. 여기 오기 전 지난 몇 개월, 몸 만들기 훈련은 고사하고 절제가 모자란 일상이었다. 출발 전날 배낭 다 꾸리고 전신거울 앞에서, 더부룩하게 부풀어 오른 뱃살을 안쓰럽게 쓰다듬고 섰었다.

"보기 참 아름답네요!"

아내의 걱정 반 야유 반 힐난에, "겨우 열흘 걷는 건데 뭐…." 나 혼자 중얼거리고 말았었다.

운동 좀 더 하고 올걸, 후회가 밀려들면서 십 분 오르고 오 분 쉬고를 반복했다. 체력 좋은 안 박사는 이 정도 오르막 따위 아무 것도 아니라는 듯, 한참 앞에서 신나게 잘만 올랐다. 이봉주 선수가 동네 친선 10킬로미터 마라톤에 나섰다가 맨 후미에 뒤쳐져 헐떡헐떡 따라간다면 지금 나의 이런 심정이지 않을까.

거친 숨을 몰아쉬는 중에도 시선은 힐끔힐끔 왼쪽으로 향한다. 더욱 가까워진 알프스 설산들이 녹색의 초원 너머로 펼쳐져 시원했기 때문이다. 몽블랑 정상으로 가는 중턱의 구테 봉Aiguille du Goûter. 3,863m이 저 멀리 보이고, 그 옆으로 비오나세 봉Aiguille de Bionnassay. 4,052m이 가까이 버터 서 있다. 설산 봉우리에서 날아왔을 상쾌한 기운이 들숨으로 내 몸에 들어와 데워져선 날숨으로 뿜어져 나온다. 바늘처럼 뾰족한 산봉우리를 프랑스에선, 보통의 둥그런 산을 의미하는 '몽Mont'과 구분하여 '에귀Aiguille'라 부른다. 알프스의 설산들은 몽블랑을 비롯한 몇 개만 '몽'이고, 대부분은 '에귀'

다. 그만큼 날카롭게 솟아오른 바위산들이 많다는 뜻이겠다.

오르막 경사가 더더욱 심해지자, 저 높은 곳에서 안 박사가, '다 왔어요! 여기요!'라는 듯 두 팔 들어 흔드는 모습이 반가웠다. 트리코 고개Col de Tricot는 오른쪽으로 백여 미터 더 높은 보라세 산 Mont Vorassay을 끼고, 왼쪽으로는 이미 봉우리는 보이지 않지만 비오나세 봉으로 향하는 능선을 사이에 둔 해발 2,120미터 고개이다. 샤모니와 레우슈와 아르브 강을 품고 있던 샤모니 계곡에서 완전히 벗어나는 지점이다.

세 마리의 산양이 막 정상에 오른 나를 향해 쫄래쫄래 달려든다. 엉겁결에 뒷걸음치는 내 모습에 몇몇 사람들이 웃음을 터트린다. 먹을 것을 달라는 모양이다. 배낭에서 뭔가를 꺼낼 힘도 없어 그냥 무시하고 지나쳤다. 어미인 듯 보이는 큰 놈 얼굴에, 잘못 짚었다는 머쓱한 표정이 역력하다. 정상에 있던 다른 외국인이 뭔가를 들고 흔들어대니 세 놈 모두 그쪽으로 달려간다. 이 높은 곳이 그들 일상의 터전인가 보다. 올라오는 사람들을 통해서 뭔가 맛있는 걸 얻어먹는 습관이 자연스레 몸에 밴 모습이다. 귀엽고 정겨운 산양가족 세 식구들에게 미안한 심정이 되며 배낭을 내려놓았다.

고개 너머 펼쳐진 모습은 장관이었다. 거의 수직으로 내리꽂은 내리막이 발 아래부터 시작되고, 해발 500미터 아래의 드넓은 평원에 미아지 산장Refuge de Miage이 포근하게 자리하고 있다. 산장 뒤로 오늘 다시 올라야 할 또 하나의 산이 야트막하게 앉아 있고 산 너머 어딘가에 우리가 오늘 밤 묵을 레콘타민이 있을 것이다.

시원한 바람에, 산양 세 마리가 주변을 서성이는 모습에, 정상

미아지 산장 앞 정경. 사방이 산으로 둘러싸인 분지에 평원이 펼쳐져 있다

에 같이 선 사람들 표정 등에, 한 시간 반 동안의 고난이 언제였나 싶게 온몸은 곧 가뿐해졌다. 땀 흘린 후에 언제나 맛보는 그런 상쾌함이다. 주변 사람들과 가벼운 대화 몇 마디씩 주고받고 서로가 서로의 카메라로 상대의 사진을 찍어주고, 그리곤 잠시 후 다시 배낭을 둘러맸다.

↑ 미아지 산장. 안 보이는 앞쪽 개울에서 버너에 라면을 끓였다

미아지 산장

위에서 볼 때는 가파른 내리막이었지만 길 자체는 경사가 그다지 심한 편은 아니었다. 완만한 지그재그가 반복되기 때문이다. 레이놀즈의 가이드북은 트리코 고개를 넘는 이 루트를, 궂은 날씨에는 피하라고 주의를 주며 다음과 같이 쓰고 있다.

'레우슈를 출발하기 전에 날씨예보를 확인해야 한다. 비바람이 거센 날에는 이 트리코 루트보다는 비오나세를 통과하는 정규코스를 선택하는 게 좋다. 보자 고개에서 미아지 산장까지 아무런 산장이나 대피소가 없어서 특히 트리코 고개에서 폭풍우를 만날 경우는 몹시 난감해지기 때문이다. 그러나 날씨만 좋다면 이 길을 선택하라! 그레이트 워크 a great walk이다.'

미아지 산장까지 내려오는 데는 한 시간이 걸렸다. 비바람 몰아칠 경우라면야 물론 힘들겠지만 가이드북이 얘기하는 것처럼 그렇게 큰 주의를 요하는 위험은 그다지 없어 보였다. 시작 첫날 이런 좋은 날씨는 우리에게 큰 축복이다.

미아지 마을은 사방이 산으로 둘러싸인 분지에 자리 잡고 있다. 산장에 가까워질수록 동남쪽의 한 방향을 가득 메우고 있는 미아지 산 Dômes de Miage. 3,670m에 눈길이 간다. 둥근 지붕 dome의 형상에 흰 눈을 뒤집어쓴 우람하고 육중한 자태이다. 맑은 날 오후의 햇살을 받아 눈부시게 빛나며 연둣빛 평원과 찬란한 대비를 이루고 있다.

그것도 잠시, 바로 눈앞에 나타난 미아지 산장의 운치에 다시 정신을 빼앗기기 시작한다. 아담한 목조건물 몇 채가 듬성듬성 앉아 있는 사이사이로 스무 개 남짓한 탁자들이 의자와 함께 녹색의 잔디를 메우고 있다. 열댓 명 정도의 트레커들이 각자의 탁자에서 마실 것과 음식들을 앞에 놓고 지나온 여정들을 풀어내는 듯 왁자지껄하다.

미리 도착한 안 박사는 일찌감치 저만치 빙하수 흐르는 하천가에 앉아 버너에 불을 지피느라 열심이다. 배낭에서 라면 두 개와 햇반 하나를 꺼내 안 박사에게 전해주고 탁자로 돌아왔다. 누구는 조리하고 누구는 편히 쉰다기보다는 탁자 위에 풀어놓은 물품들을 보호할 사람도 있어야 하는 것이다. 팔아주는 거 없이 탁자와 공간을 차지하고 앉은 게 눈치 보여 맥주를 두 잔 주문했다.

바로 옆 잔디 위에 젊은 친구가 아코디언을 안고 자리 잡더니 곧바로 연주를 시작한다. 여자 친구가 옆에서 따뜻한 눈빛을 보내주고 주변 탁자에 앉아 있던 사람들도 모두 시선을 주며 박수를 보낸다. 제목은 모르겠지만 한 번쯤은 들었을 익숙한 멜로디들이 계속 연주된다. 알프스 분지의 이 공간, 모든 이들의 마음이 하나같이 촉촉이 젖어들고 있음을 알 수 있다. 맥주 500cc로 배를 채운 뒤의 신라면과 햇반, 거의 네 시간을 힘들게 걸어온 뒤라면 누구에게나 그 맛은 꿀맛일 것이다.

트뢱 산장

스메타나의 '몰다우'가 끝나길 기다렸다가 다시 길을 나섰다.

제목을 모르는 다음 곡이 경쾌한 리듬으로 이어진다. 포만감에 천근만근이던 발걸음이 다소 가벼워졌다. 미아지 산장의 아코디언 청년, 알프스를 추억할 때 자주 떠오를 듯하다. 한 시간 전에 넘어온 트리코 고개를 뒤돌아보며 다시 오르막길로 들어섰다. 해발 160미터만 넘으면 되기에 식은 죽 먹기나 다름없다.

삼십 분 오른 후 또 다른 평원이 펼쳐지면서, 트리코 고개를 오르던 내내 눈길을 붙잡았던 비오나세 봉이 반대편 뒷모습을 드러냈다. 나란히 서 있는 미아지 산과 극적인 대조를 이룬다. 우리의 기준으로는 둘 모두 비슷한 산이지만 한쪽은 바늘처럼 뾰족한 봉우리라 에귀Aiguille라 칭하고, 다른 한쪽은 완만하게 둥그스름한 지붕의 모습이라 돔Dôme이라 부르는 이유를 비로소 알 것 같다.

오르막이 끝나고 완만한 내리막으로 들어서며 시야가 확 트인다. 십여 마리 소들이 풀을 뜯는 정경이 아름답게 펼쳐진다. 영화 '워낭소리'를 만나며 '워낭'이란 단어를 처음 알았다. 뭔가 아련하고 애틋한 느낌으로 남아 있던 워낭소리가 알프스의 트뤽 산장Auberge du Truc, 1,720m에서 아름다운 오케스트라 화음이 되었다. 소떼들 목에서 울리는 방울 소리가 이리도 감미로울 수 있다는 게 신기했다. 수십 개의 트라이앵글이 만들어내는 화음이기도 했다가 어느 순간 바이올린 사중주의 달콤한 멜로디로 바뀌기도 하였다.

트뤽 산장 앞에 마련된 탁자 하나에 배낭을 내려놓고 지도를 펼쳤다. 정면에 우뚝 서 있는 몽졸리Mont Joly는 해발 2,525미터의 거무스름한 바위산이면서 묵직하고 우람한 자태가 시골 구석의 풍채 좋은 아저씨를 닮아 푸근하다. 만년설이나 빙하의 모습은 별로 보이지 않지만 산 중턱으로 뚜렷한 수목한계선이 자신의 개성을 명확히 드러내고 있다. 시야는 가려져 있지만 산장 아래로 펼쳐진 내리막과 몽졸리 밑자락이 만나는 곳에 몽주아 계곡Val Montjoie이 길게 이어졌을 것이다. 가이드북이 권하는 정석 코스로 갔더라면 이미 지났을 계곡이다.

레콘타민

레콘타민으로 가는 내리막길은, 숙제를 다 마친 아이가 엄마 허락 받고 잠시 컴퓨터게임 자판을 두드리는 기분으로 가볍게 걸었다. 때로는 경사가 심하기도 하였지만 대체로 완만한 숲 속 임도가 길게 이어지고 있다. 돌부리에 걸려 넘어지지 않도록 주의도 필요했지만 편안한 산책길이나 다름없었다.

해발 1,167미터의 레콘타민까지 553미터를 내려오는 데 한 시간 이십 분이 걸렸다. 출발 전부터 다소 걱정했던 오른쪽 무릎에 약간의 이상을 느꼈지만, 오른손에 잡은 스틱에 내내 힘을 주면서 조심조심 천천히 내려왔다. 그래도 트뢱 산장에 있던 이정표와 거의 같은 시간이 소요되었다.

레콘타민-몽주아Les Contamines-Montjoie는 샤모니와 레우슈의 중간 규모쯤 되는 산골 마을이다. 큼직한 삼각지붕을 두른 목조 주택들이, 깊은 산속 마을임에도 이곳에 풍요롭고 안락한 삶이 있음을 알아보게 해준다. 길 주변에 늘어선 상가들 면면에서는, 한겨울의 스키나 레저를 즐기려는 사람들이 몰려와 계절의 일부를 만끽하고 돌아가는 휴양지의 면모가 잘 드러나 있다.

　　마을 끝자락 TMB 루트 상에 있는 크리스티아냐 호텔로 찾아들었다. 게스트하우스나 호스텔보다 첫날 하루는 좀 비싸지만 안락한 휴식이 필요하다. 인천공항에서 오후 한 시에 비행기에 올라 모스크바와 제네바를 거쳐 샤모니 숙소에 도착하기까지 총 열일곱 시간이 걸렸다. 곧바로 일곱 시간을 자고 일어난 아침, 샤모니를 둘러보고 열두 시부터 지금껏 일곱 시간을 힘들여 걸어왔다. 편안하게 하루 저녁 잘 쉬어야 할 충분한 이유가 있다. 호텔이라 하지만 넓지 않은 공간에 덩그러니 놓인 침대 두 개가 전부이다. 샤워장 딸린 화장실이 있다는 게 여타 저렴한 숙소와의 차이이다.

↑　미야지 산장에 울려 퍼지는 아코디언 멜로디

> 첫째 날
> 레우슈에서 레콩타민까지

두 개 코스가 있다. 해발 1653m 보자 고개를 넘는 정규코스와 더 높이 트리코 고개를 넘는 대체코스다. 우리는 후자로 오르되 초기 4km 구간은 케이블카를 이용했다. 많은 이들이 하는 방식이다. 가이드북은 비바람과 악천후의 경우 트리코 고개를 넘는 건 위험하니 가급적 정규코스를 이용하라고 제언한다.

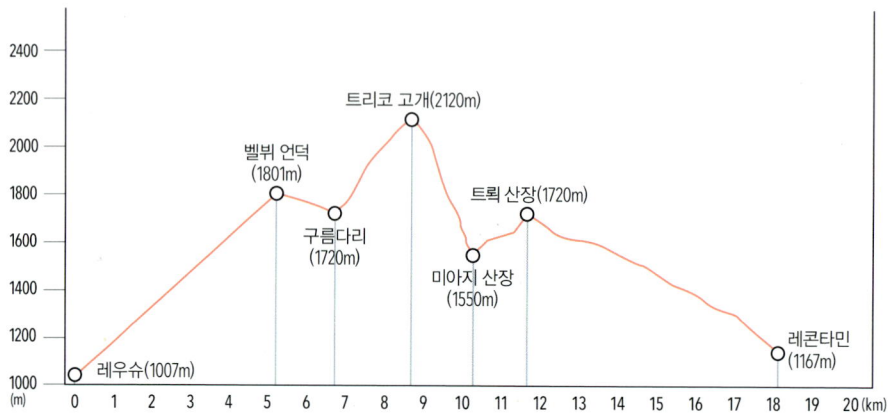

거리 18km **최고 고도** 트리코 고개 2120m **최저 고도** 레우슈 1007m **소요 시간** 트레킹 6시간 + 미아지 산장 점심 1시간=총 7시간
구간별 레우슈(1007m) 5km → 벨뷔 언덕(1801m) 1.5km → 구름다리(1720m) 2km → 트리코 고개(2120m) 1.5km → 미아지 산장(1550m) 1.5km → 트뢱 산장(1720m) 6.5km →레콩타민(1167m)

경유지 정보

레우슈 케이블카 승강장 샤모니 쉬드 터미널에서 버스를 타면 15분 거리이다. 14유로를 주고 케이블카로 벨뷔 언덕까지 오르는 게 효율적이다.
벨뷔 언덕 케이블카에서 내리면 샤모니 계곡과 아르브 강이 한눈에 들어온다. 팻말 다섯 개의 이정표가 서 있다.
몽블랑 트램 벨뷔 역 해발 2000m 가까운 알프스 초원에서 예쁜 두 량짜리 기차가 선다. 몽블랑 정상을 등정하려는 등반객들이 출발점인 니데글까지 타고 가는 기차이다.
히말라야 구름다리 벨뷔 케이블카에서 내린 후 한 시간 가까이 완만한 내리막을 따라오다 보면 만나는 구름다리이다. 다리를 건너고부터는 오르막이다.
트리코 고개 첫째 날 중 가장 힘든 구간이다. 몽블랑 정상으로 가는 중턱의 구테 봉 등 알프스 설산들과 한결 가까워진다.
미아지 산장 트리코 고개에서 해발 500m 아래에 펼쳐진 평원 위 산장이다. 점심식사 하기 좋다. 해발 3670m의 미아지 산 등 사방이 산으로 둘러싸인 분지이다.
트뢱 산장 몽졸리를 바라보며 몽주아 계곡 위에 자리잡은 산장이다. 워낭소리가 특히 인상 깊다.
레콩타민-몽주아 유명한 휴양지이다. 이탈리아 마을 쿠르마예르에 도착하기까지 2~3일 동안 이런 규모 있는 마을이 없으므로 필요한 물품들이 있다면 이곳에서 구매하는 게 좋다.

길찾기 유의사항

길 표시가 잘 되어 있다. 전 구간 큰 어려움이 없다.

숙박 시설

레우슈(프랑스)
미셸 파고 지트 Gîte Michel Fagot
전화번호 +33(0) 450 544 228 **영업 시기** 연중 무휴
이메일 info@gite-fagot.com

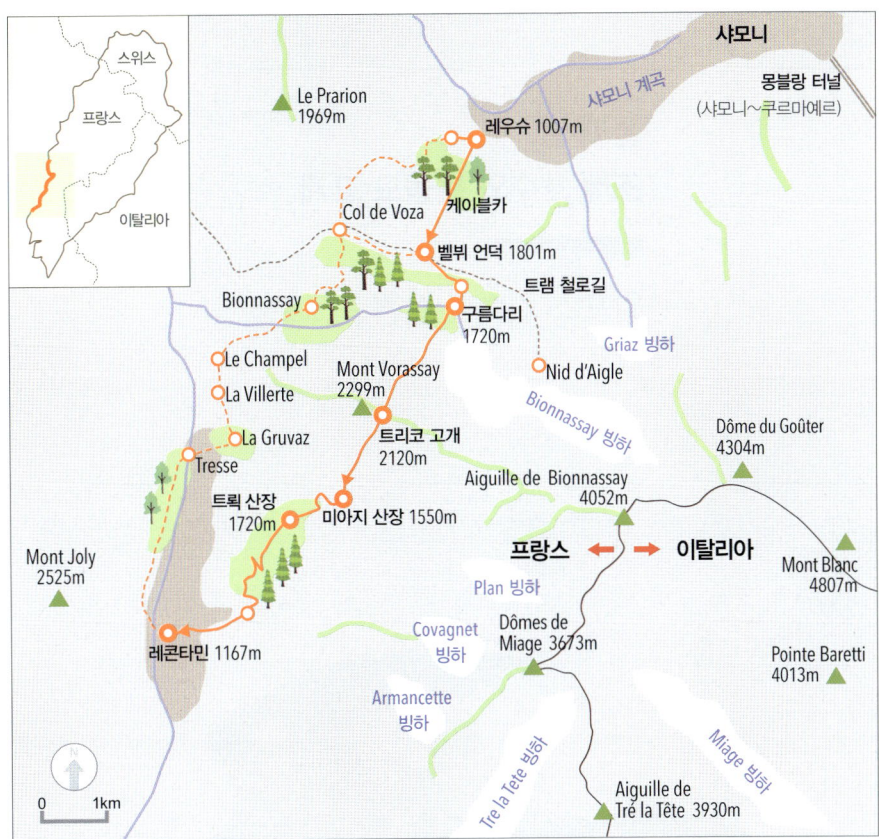

홈페이지 www.gite-fagot.com
보자 고개
피우 산장 Refuge du Fioux
전화번호 +33(0) 450 935 243
영업 시기 5월 말~9월 말
이메일 serge.botholier@neuf.fr
홈페이지 www.saintgervais.com
비오나세 산장 Auberge de Bionnassay
전화번호 +33(0) 450 934 523,
+33(0) 687 419 918 **영업 시기** 6~9월

미아지
미아지 산장 Refuge de Miage
전화번호 +33(0) 450 932 291(여름)
33(0) 450 969 170(겨울)
영업 시기 6~9월
이메일 refugedemiage@orange.fr
홈페이지 refugedemiage.com
트뢱 산장 Auberge du Truc
전화번호 +33(0) 450 931 248

영업 시기 6월 중순~9월 중순
이메일 aubergedutruc@hotmail.fr

레콘타민
알핀 프랑시스 산장 Chalet du Club Alpin Français
전화번호 +33(0) 450 470 088
영업 시기 6~9월 중순
이메일 chaletdescontamines@ffcam.fr
홈페이지 www.chalet-caf-contamines.fr
폰테 지트 Gîte le Pontet
전화번호 +33(0) 450 470 404
영업 시기 5~9월
이메일 campinglepontet74@orange.fr
홈페이지 www.campinglepontet.fr
크리스티아냐 호텔 Hôtel Le Christiania
전화번호 +33(0) 450 470 272
홈페이지 www.lechristiania-hotel.com

📍 식사
미아지 산장이나 트뢱 산장에서 점심을 사 먹을 수 있고, 버너로 간단히 조리해 먹을 수도 있다.

둘째 날,
조베 호수와 본옴므 고개

알프스 깊숙한 설원 속으로

여행 출발 몇 개월 전, 몽블랑 트레킹에 관한 기본정보들을 모아 블로그에 올렸다. 여행 전에 예습 차원으로 늘 하는 내 나름의 방식이다.

"상무님, 저도 거기 준비 중입니다. 함께 가실까요?"

예전 직장에서 같이 근무했던 안 박사로부터 연락이 왔다. R&D 부서에 근무하면서 아는 게 워낙 많아 보였던 그를 나는 직책 대신에 '안 박사'라고 불렀다. 나의 오케이 대답은 즉각적이었다. 현지 숙소 예약이나 TMB 루트에 대한 상세한 예습 등, 여행 전에 챙겨야 할 많은 일거리들을 그에게 떠맡길 수 있겠다는 계산이 빛의 속도로 머리를 쓸었기 때문이다. 직장 십 년 선배와의 동행인 만큼 그가 더 피곤하면 피곤했지 나로서는 무조건 환영할 일이었다.

모든 일정에 대한 상세한 예습을 부탁했고 안 박사는 '박사'라는 자신의 별명에 걸맞게 치밀하고 꼼꼼히 사전준비를 했다. 여행의 고수들에게 '참여행'이란, 우리처럼 그날그날 정해진 일정대로 움직이는 이런 게 아닐지도 모른다. 아무 계획 없이 낯선 곳으로 훌쩍 떠나 예상치 못했던 상황과 맞닥뜨리거나, 지금껏 몰랐던 새로운 자신과 만나는 여정이야말로 여행다운 여행이라고 여길 수도 있다. 안 박사와 나는 그런 면에서는 여행의 고수와는 거리가 멀겠다. 여행지의 정보들을 미리 예습하고 모든 일정을 사전에 계획하고 그날그날의 숙소를 예약해둬야 직성이 풀리는 스타일이다. 저비용 고효율 여행이 되기 위해선 그간의 경험상 필요했던 일들이다. 어제 첫날 하루는 그런 계획대로 착오 없이 진행되었다.

노트르담 성당

아침 여덟 시 반의 레콘타민 거리는 한적했지만 배낭 짊어진 트레커들이 같은 방향으로 발걸음 옮기는 정경이 있어 활기가 느껴졌다. 녹음 우거진 숲 위로 아침햇살이 찬란했고 하늘은 구름 한 점 없이 맑았다. 잠시 동안의 아스팔트가 끝나며 자갈길이 이어진다. 오른쪽으로 봉낭 천Bon Nant Torrent을 끼고 거슬러 올라가는 계곡길이다. 알프스 어느 설산에서부터 밤새 쉬지 않고 흘러내려왔을 회색의 빙하수 급류가 웅장한 아침소리를 만들어내고 있다.

해발 1,167미터의 레콘타민에서 오늘은 고도차 1,300미터 가까이를 더 올라가야 한다. 어제보다 더 격심한 오르막이 기다리고 있겠지만 아직까지는 평지나 다름없다. 숙소를 출발한 지 오십 분

↑ 노트르담 성당, 봉낭 천 계곡에 우아하게 서 있다
↓ 이스라엘 트레커 오리모크와 그의 친구. 낭보랑 산장에서 잠시 쉬고 있다

만에 해발 1,210미터 표지판 앞에 도착했다. 봉낭 천 위로 짙은 갈색의 목재다리가 놓여 있고, 다리 너머 넓은 정원에 숲을 등지고 노트르담 성당Notre Dame de la Gorge이 서 있다. '노트르담 협곡의 성당' 쯤으로 번역될 수 있겠다. 흰색 바탕에 군데군데 금빛 치장을 한 외양이, 아침햇살을 받아 눈부신 반사광을 내뿜고 있다. 성당은 그 화려한 외양과는 달리 900여 년의 역사가 깃들어있다고 한다. 성당 잔디밭 벤치에 배낭을 내려놓고 물 한 모금 마시며 잠시 숨고르기를 한다.

로마 다리

본격적인 오르막이 시작되었다. 흙과 자갈로 뒤덮인 길바닥에 촘촘한 돌덩이들이 간혹 맨몸을 드러내며 사람들 발자국에 닳아지고 있었다. 겨드랑이와 등줄기가 축축해지고 이마에 송골송골 땀방울이 맺히지만 숲 속 새들의 지저귐과 계곡 물줄기 소리가 있어 시원했다. 숨이 턱까지 차오를 즈음 거센 물살 위에 걸쳐진 석조다리를 건너며 배낭을 내려놓았다. '폰트 로메인Pont Romain 해발 1,425미터'라고 써진 팻말에 로마 또는 로마인과의 어떤 연관을 짐작할 수 있다. 모든 길은 로마로 통하도록 유럽 곳곳에 로마가도를 만들어 놓은 로마인들이 이 계곡에도 길을 닦으며 함께 만들어놓은 다리일 것이다. 오랜 세월이 흘렀겠지만 여태껏 견고하게 그 형태를 유지하는 듯 보인다.

다리 위에 먼저 와 쉬고 있던 안 박사가 외국인 둘과 얘기를 나누고 있다. 막 도착한 나에게 그들을 소개한다. 이스라엘에서 온 트레커들이다. 길에서 만난 사람들은 언제 어디서나 스스럼이 없고 초면끼리의 대화임에도 늘 자연스럽다. 인종과 국적을 떠나, 같은 날 같은 시각에 같은 길을 걷고 있다는 끈끈한 동지의식이 각자의 마음에 스며있음을 서로가 잘 안다. 이스라엘인 오리모크Orrimoch가 이태 전에 다녀온 안나푸르나 서킷Annapruna Circuit 트레킹이 화제에 올라 서로의 경험담이 오고 갔다. 해발 5,416미터 정상에서 그가 보았던 정경과 그가 느꼈던 감동이 내 마음에도 그대로 전달되며 잠시 벅찬 추억의 시간이 되었다.

낭보랑 산장

로마 다리 '폰트 로메인'부터 경사가 완만해졌다. 큼직한 통나무에 홈을 판 우물 앞에 잠시 멈췄다. 꼭지에서 싱그러운 샘물이 쏟아져 내리며, 이미 가득 차 있는 우물 속 물을 밀어내고 있다. 오리모코가 손바닥으로 두세 번 받아 마시고 안 박사와 나 또한 두 모금씩 받아 마셨다. 세 시간 전에 레콘타민 숙소에서 가득 채워둔 2리터 패트병을 비워내곤 흐르는 샘물로 다시 채웠다. 해발 300미터 더 높은 곳에서 솟아나는 샘물인 만큼 더욱더 신선할 것이다.

고도가 올라가면서, 고개 돌려 지나온 길을 돌아보는 횟수가 많아졌다. 몽주아 계곡Val Montjoie을 뒤덮은 울창한 수목이 파란 하

↑ 프랑스인 미셸 오브리 씨와 그의 후배, 낭보랑 산장에서 시작된 평원길이 끝나는 지점이다

투르 드 몽블랑 | 둘째 날

↑ 발므 산장과 그 뒤의 페나즈 봉, 산장 지나 왼쪽으로 조베 평원과 본옴므 고개가 이어진다

늘과 대비되어 짙은 녹색을 더 뚜렷이 하고 있다. 수목 위로 드러난 이름 모를 설산 봉우리들은 아득하고 멀다.

어느 순간 오른쪽 언덕에 단아한 건물 한 채가 나타났다. 우리 넷은 약속이나 한 듯 소리 없이 언덕으로 올라섰다. 1층은 흰색, 2층은 짙은 갈색의 낭보랑 산장Refuge Nant Borrant은 주변의 숲과 파란 하늘에 어울려 독특한 아름다움을 자아내고 있다. 베란다와 창가에 걸어놓은 화분 속 빨간 꽃들이 아기자기함을 더해주는 가운데, 산장 앞 잔디 곳곳에 놓인 탁자에는 배낭을 내려놓은 트레커들이 차를 마시거나 샌드위치를 먹고 있다.

길에서 만난 사람들과의 인사 자리에서 서로 오가는 첫 질문은 거의가 '어디서 왔느냐Where are you from?'이다. 내가 '코리아'라고 대답하면 돌아오는 2차 질문도 거의 정해져 있다. '북쪽이냐 남쪽이냐North or south?' 북한 주민들은 이런 자유여행 같은 거 꿈도 못 꾼다는 나의 설명이 즉각 이어진다. 남과 북의 격차에 대해 외국인들이 느끼는 인식은 우리와는 많이 다름을 자주 실감한다.

옆 탁자의 유럽인이 입은 셔츠에 '런Run! 평양 마라톤, 고려관광 주최'라는 홍보 문구가 쓰여 있어 우리의 관심을 끌었다. 연유를 물었다. 그가 작년 대회 참가 경험을 이야기하면서 한동안 평양 마라톤이 화제가 되었다. 그의 평양에 대한 묘사는 매우 호의적이었고 긍정적이었다. 알프스에서 만난 외국인이 우리 한반도까지 날아와 마라톤 21킬로미터를 뛰었다는 사실이 신기했고, 그를 통해서 북쪽 땅의 단편을 듣는 것도 기분이 묘한 일이었다. 해발 1,460미터에 위치한 낭보랑 산장은 건물의 외양이나 주변 경관 어느 모로 보나, 한 시간 가까이 땀을 쏟으며 올라온 트레커들을 무장해제시키기에 충분한 곳이었다.

발므 산장

낭보랑을 떠난 지 삼십 분, '라 롤라즈La Rollaz, 해발 1,535미터' 팻말을 지났다. 완만하지만 서서히 고도를 높여가고 있다. 눈앞에 다시 펼쳐진 장관이 낭보랑의 아름다움을 잊게 만들었다. 확 트인 시야에 선선한 바람이 불어오고 넓은 초원은 연두색 물결로 일렁인다. 구름 한 점 없는 하늘을 배경으론 거대한 바위산들이 병풍처럼 앞을 가로막고 있다. 그중에서도 해발 2,684미터 페나즈 봉Aiguille de la Pennaz의 위용이 주변을 압도한다. 뾰족뾰족 솟아오른 바위들을 겹겹이 붙여놓은 거대한 돌산이다. 중턱 골짜기에 넓게 쌓인 흰 눈이, 민낯의 검정 봉우리와 묘한 대조를 이룬다. 그 위 파란 창공을 꿰뚫고 지나는 흰 점 비행기의 한 줄기 연무가 근사한 수채화를 그려내고 있다.

바위산 아래까지 기다랗게 이어진 S자 길 위에는 형형색색의 트레커들이 묵묵히 발자국을 옮기고 있다. 로마 다리 지나 만났던 것과 똑같은 샘물이 다시 나타났다. 그 옆 벤치에 앉아 쉬는 사람들이 도란도란 얘기를 나누다가 자리 한 귀퉁이를 내준다. 콸콸 쏟아지는 샘물을 들이마시며 나는 제주 삼다수를 생각하지만 이곳 프랑스 사람들은 에비앙 생수를 생각할지도 모르겠다.

신선한 샘물을 자주 만나는 알프스, 배낭 옆주머니에 생수로 가득 채워진 2리터 페트병이 문득 쓸모없다는 생각도 잠시 든다. 무

크로와 뒤 본옴므 산장으로 내려가는 길. 아침에 레콘타민을 출발한 지 거의 열한 시간 만에 도착했다

게만 가중시키는 괜한 에너지 낭비용품이 아닐까도 싶지만, 물은 어떤 상황에서건 무조건 짊어지고 다녀야 할 생명수이니 어쩔 수가 없다.

삼십 분을 더 걸어 해발 1,700미터를 넘어섰다. 눈앞에 발므 산장Refuge de la Balme이 나타났다. 양철 지붕의 1층 집 두 채가 붙어 서 있고 그 주변으로 목재 울타리를 빙 둘렀을 뿐인 단순한 구조물이다. 코카콜라 홍보용 빨간색 파라솔들만 빼고는 무채색의 소박한 자태이다. 낭보랑 산장의 아기자기한 아름다움과는 거리가 먼 둔탁함이지만, 장엄하게 솟은 페나즈 봉의 아랫자락이라는 그 위치가 산장의 위용을 한껏 빛내주고 있다.

산장 안으로 먼저 들어갔던 안 박사가 투덜거리며 울타리 문을 밀치고 나왔다. 마당에 놓인 탁자에서 라면을 끓여먹으려던 계획이었는데, 산장 안에서의 버너 사용은 주인이 허락지 않는다는 것이다. 내가 봐도 그럴 만하겠다. 산장에서 파는 음식이나 음료를 사먹어야지 자리만 빌려 음식을 만들어 먹겠다니, 얌체 아니냐고 주인이 생각했을 법하다.

조금 더 올라가 산장이 발아래 내려다보이는 바위 위에 자리를 잡았다. 그늘이 없어 햇볕을 온몸으로 맞아야 하지만 선선한 바람 덕에 그럭저럭 서늘한 위치였다. 안 박사 배낭에서 버너와 식기와 깻잎 통조림이 나오고, 나는 배낭에서 신라면 두 개와 햇반 하나를 꺼냈다. 이번 TMB 트레킹에서의 점심은 이런 식으로 간단할 것 같다. 한국에서 가져온 라면과 햇반으로 둘이 5일은 먹을 수 있고 나머지 5일은 과자나 과일 등 간식으로 때우면 될 일이다. 하루 일

고여덟 시간 산을 오르고 내리는 체력소모를 감안하면, 두 사람의 점심으로 라면 두 개와 햇반 하나는 충분치가 않다.

가끔씩은 도중에 마을을 만나 점심거리를 사 먹을 수도 있겠지만 대개는 숙소 떠날 때 샌드위치나 간식 등을 준비해가는 게 맞을 것이다. 점심은 가볍지만 아침은 토스트와 시리얼과 우유와 과일 등으로 든든했고, 오늘 저녁도 어제처럼 충분하고 만족스런 성찬이 기다리고 있을 것이다. 여행을 더 많이 즐기기 위한 필수 요소들 중 맨 앞에 둬야 하는 것, 매일매일 잘 먹어야 하는 일 아니겠는가?

조베 평원

한 방향으로 두 개의 이정표가 서 있다. '조베 호수Lacs Jovet까지 1시간 45분' 그리고 '본옴므 고개Col du Bonhomme까지 2시간'. 우선은 한 방향이지만 조금 더 올라가면 분기점 삼거리가 나타날 것이다. 가이드북에서 제시하는 정규코스는 본옴므 고개까지 직선으로 올라가는 루트이지만, 우리는 정규코스를 벗어나 왼쪽으로 조베 호수까지 올라갔다가 내려와선 다시 본옴므로 올라가는 우회코스를 선택했다.

천안서 경부고속도로 타고 곧바로 서울로 가는 게 아니라 신갈 분기점에서 영동고속도로를 통해 인천 들렀다 서울로 가는 식이다. 바로 이 위치는 천안, 조베 호수는 인천, 본옴므 고개는 서울인 셈. 잠시 후 신갈 분기점이 나타날 것이다. 돌아가는 이유는 달리 없다. 촌놈 둘이 모처럼 서울 가는 길, 이왕이면 인천까지 한번 둘러보고 가자는 식이다. 시간은 두세 시간 더 걸리겠지만 이왕이면 해발 2,200미터에 있는 알프스의 호수를 일견하고 가는 것이다.

경사가 심해졌다. 수목한계선을 지나는 것인지 점심 먹기 전까지 함께했던 울창한 숲과 키 큰 나무들 모습은 종적을 감췄다. 거친 바위와 자갈로 뒤덮인 대지에 끈질긴 생명력의 잡초들만 바짝 엎드려 있다. 힘찬 물벼락 소리에 이끌려 잠시 옆길로 빠져들었다. 조베 호수에서 흘러내려 봉낭 천 Bon Nant Torrent 으로 합쳐지는 아담한 폭포가 나름대로 자신의 존재를 과시하고 있다.

'위험' 표시 팻말 옆, 눈 덮인 황야를 지나 조베 평원 Plan Jovet 에 이르렀다. 삼거리 갈림길인 해발 1,920미터 지점이다. 호수까지는 고도차 300미터를 더 올라야 한다. 본옴므 고개를 뒤로하여 페나즈 봉 Aiguille de la Pennaz 과 주변 설산으로 둘러싸인 평원은 드넓으면서 아늑했다. 신발과 양말을 벗고 차가운 하천에 발 담갔지만 아주 잠깐이었다. 네 시간 반을 걸어온 두 발에 열기가 가득했을 터이지만 설산이 흘러내린 빙하수는 너무나 차가웠다.

본옴므 고개로 향하는 눈길. 6월 말임에도 아이젠 없이는 위험한 구간들이 더러 있다

조베 호수

'배낭을 여기 두고 호수에 다녀올 것인가, 힘들겠지만 안전하게 메고 다녀올 것인가?' 안 박사와 잠시 고민에 빠졌다. 해발 300미터를 올라갔다 내려온 다음, 본옴므 너머까지 다시 550미터를 더 올라야 하는 여정이기에 에너지를 최대한 아껴야 했다. 이 드넓은 고원 하천가에 주인 없는 배낭 두 개가 두 시간 동안 널브러져 있다 해서, 누구 하나 건드릴 사람은 없다는 것쯤은 잘 안다. 날치기 많다는 그 남미에서도 파타고니아 이탈리아노 캠프에 세 시간 동안을 배낭 내버려두고 토레스 델 파이네에 올랐다 내려온 적이 있다. 남미도 아니고 여기는 유럽, 그것도 프랑스 땅 아닌가?

그렇지만 만에 하나가 찜찜한 것이다. 말 그대로 0.01퍼센트의 잘못될 가능성을 대비해서, 힘은 좀 들겠지만 확실하게 안전한 쪽을 택하기로 했다. "에이~ 그냥 두고 가시죠 뭐." 안 박사의 입에서 이런 말이 나오길 은근히 기대했던 건지, 호수로 향해 다시 움직이기 시작한 발걸음은 방금 전까지보단 훨씬 더 무거워졌다. 배낭의 무게감에 이삼십 퍼센트의 심정적 할증이 붙은 모양이다.

호수로 향하는 여정은 정면이 밋밋한 반면 뒤돌아보면 장관이다. 페나즈 봉의 바로 아랫자락에서 시작했지만 워낙 거대한 돌산은 아무리 멀어져도 작아지는 법이 없었다. 내 키 수십 배의 거인이 바로 등 뒤에서 나의 더딘 발걸음을 재촉하는 듯 뒤끝이 켕기면서 자주 뒤를 돌아보곤 한다. 오르다 쉬고 오르다 쉬고를 한 시간 가까이 반복하며 내 뒤의 거인이 잊혀질 즈음, 조베 호수는 소리 없이 눈앞에 나타났다. 한라산 백록담 규모는 아니지만 그보다 더 높은 위치의 넓은 분지에 조용히 앉아 있는 호수였다. 바람도 별로 없고 고요할 뿐이다.

호수 맞은편 능선에 아직까지 녹지 않고 넓게 쌓인 초여름 설경만 아니라면 이곳이 해발 2,194미터라는 사실을 알 수가 없을 것이다. 능선은 통뒤 산Mont Tondu. 3,196m 정상에서 호수까지 가파르게 이어져 내렸다. 군데군데 앉아있는 트레커들은 잔잔한 호수 표면을 바라보며 저마다의 생각에 골몰해 있고, 나는 잠시 바위 위에 팔베개하고 누웠다. 몽뒤 산 정상과 그 너머 걸린 구름들을 바라보다 스르르 잠이 들었나 보다.

"상무님~ 내려가시죠~"

안 박사 목소리에 단잠이 깼다. 다시 배낭을 둘러맸다. 두세 시간 잠든 것처럼 몸이 가뿐한데 시계를 보니 겨우 15분 흘렀다. 벌써 저만치 내려가는 안 박사를 따라 가볍게 발걸음을 옮기기 시작했다. 잠시 후 뒤돌아봤지만 호수는 이미 시야에서 사라졌다.

담 평원

다시, 페나즈 봉을 병풍으로 한 드넓은 조베 평원이 시야에 펼쳐졌다. 안 박사는 우리가 올라왔던 그 길로 빠르게 도로 내려가고 있다. 배낭을 두고 올까 망설였던 분기점 삼거리가 까마득해 보인다. 그곳까지 꼬불꼬불한 자갈길이 가느다란 실처럼 하천을 따라 이어져

1

2

투르 드 몽블랑 | 둘째 날

1. 발므 산장에서 조베 평원 올라가는 능선에서 잠시 한숨 **2.** 낭보랑 산장 앞에 펼쳐진 평원. 페나즈 봉이 위압적이다 **3.** 본옴므 고개 너머. 위험한 능선을 막 벗어났다 **4.** 조베 호수. 처음 만나는 알프스 호수치곤 소박하다

↑ 본옴므 고개의 오두막 대피소
↓ 막 본옴므 고개에 올랐다. 뒤로는 내리막 경사가 몹시 심하다

있다. 큰 소리로 안 박사를 불러 세웠다.

"나는 직선으로 가로질러 갈게!"

"길이 없을 텐데요?"

"그냥 가면 될 거 같애!"

"조심하세요!"

나를 하나의 꼭짓점으로 하여 저 멀리 좌우에 두 개의 꼭짓점이 보이고, 조베 평원 위에 커다란 정삼각형 하나가 그려졌다. 오른쪽 꼭지를 향하고 있는 안 박사는 분기점 삼거리에서 TMB 루트를 따라 왼쪽 꼭지로 다시 올라와야 한다. 길은 없지만 나는 왼쪽 꼭짓점을 곧바로 향하고 있다.

크고 작은 바위와 넝쿨 숲 그리고 작은 개울들이 온통 내 앞길을 막아서지만 그다지 위험하진 않았다. 안 박사처럼 정석대로 먼 길을 돌아가는 수고로움에 비하면 훨씬 수월한 것이었다. 나는 왼쪽 꼭지에 도착했지만 안 박사는 역시 인제야 오른쪽 꼭지를 돌아 이쪽을 향하고 있다. 나 혼자 먼저 본옴므 고개에 오를 것이고 안 박사도 그리 짐작할 것이다.

TMB 루트가 오른쪽 본옴므를 향해 수직으로 꺾이는 이곳에서 조베 평원은 끝이 나고 본격적인 오르막이 시작된다. 우람한 돌무덤tumulus 하나가 나타났다. 해발 2,043미터의 '담 평원Plan des Dames'임을 알리는 표지판도 함께 서 있다. 산이나 고개의 정상임을 알리거나 길 또는 경계의 표식으로 돌무덤이 세워지기도 하지만, 담 평원의 돌무덤은 이 주변에서 사고로 목숨을 잃은 한 여인을 추모

하여 세워진 것이라 한다. 처음엔 누군가가 조그맣게 쌓았던 것이, 지나는 사람들마다 하나씩 둘씩 돌을 보태 쌓으면서 지금에 이르렀을 것이다. 돌무덤을 지나면서 설원이 펼쳐졌다. 고원에 쌓인 눈밭 위로, 앞서 지난 사람들이 남겨놓은 발자국들이 저 높은 고개 쪽을 향하고 있다.

본옴므 고개

해발 300미터를 더 올라야 할 본옴므 고개가 내 앞에 가파른 경사로 온몸을 드러냈다. 흰 눈에 덮인 평원 저만치에서 절벽처럼 앞을 가로막고 서 있다. 8월에 TMB를 걸은 사람들이 올린 블로그 사진에는 이 고개에 눈이라곤 한 주먹도 안 보였다. 풀 한 포기 없이 그저 돌과 자갈만 뒹구는 거친 황야의 모습이었는데, 6월 말인 지금은 이런 설원이다. 2개월이란 그 짧은 시간이 이런 극명한 차이를 만들었다니 실로 놀라울 따름이다.

한여름에 눈이 다 녹은 다음이라면, 경사 심한 저 고개로 곧장 올라갈 수 있을 것이나 지금은 불가능하다. 앞서 지난 사람들의 눈밭 위 발자국도 우측 바윗길 앞에서 끊겼다. 올라가는 사람도 없고 뒤따라오는 사람도 보이질 않는다. 조베 호수까지 다녀오며 힘을 많이 소진한 터라 몸의 중심도 잘 잡아지지 않는다. 바람에 밀리거나 발을 헛디뎌 미끄러지기라도 한다면 이 급경사의 험한 바위 길에서 꽤 심한 낭패를 당하리라. 다행스럽게도 바로 옆 눈밭으로 넘어진다면 저 아래

바닥까지 미끄러져 내려갈 뿐 크게 위험하지는 않겠다.

마지막 십여 미터를 놔두고 다리가 풀리며 주저앉았다. 뒤를 내려다보니 안 박사가 시야에 들어왔다. 담 평원 끝자락 눈밭 위에 가부좌를 튼 모습으로 앉아 있었다. 힘든 도전을 앞에 두고 전의를 불태우는 엄숙한 모습으로 보인다. 겨우 몇 발자국을 옮기며 마지막 힘을 짜내는 순간 다시 넓은 설원이 눈앞에 펼쳐졌고 한 가운데에 조그만 나무집이 덩그러니 서 있다. 본옴므 고개Col de la Bonhomme 정상이다.

안 박사가 무사히 잘 올라오는지 내려다보고 싶었지만 시야를 벗어났고, 아래쪽으로 조금이라도 내려가 보기엔 경사가 심해 엄두가 나질 않는다. 잘 올라오겠거니 애써 위안하며 바람막이 나무집으로 기다시피 들어갔다. 열 명 정도 끼어 앉을 수 있는 단단한 목재 대피소이다. 주변에 아무도 없는 해발 2,329미터의 설원 한가운데에 나 혼자라는 사실이 묘한 긴장을 가져왔다. 이삼 평 남짓한 고요한 공간에 지그시 눈 감고 들숨 날숨을 반복하다 보니 몇 분 만에 정신이 좀 든다.

대피소를 후다닥 뛰쳐나왔다. 내리막 근처로 다가가지만 아래쪽은 언덕에 시야가 가려 있고, 더 내려가 보기엔 위험하다.

"안 박사~ 안 박사!"

안 보이는 허공에 대여섯 번 외쳐 불러보지만 대답은 없다. 다시 대피소로 들어왔다. 안 박사야 어떻게든 안전하게 올라오겠지만, 오후 다섯 시가 넘은 지금부터 가야 할 방향을 확인하는 것도 중요하다.

↑   조베 호수를 향하는 오르막에서는 자주 뒤돌아 페나즈 봉을 바라보게 된다

크로와 뒤 본옴므

올라온 방향과 똑같이 직선으로 계속 가면 되는 걸로 막연히 생각하고 있었는데, 지도와 주변 표지를 다시 살펴보니 그게 아니다. 왼쪽 방향으로 틀어서, 깎아지른 능선을 건너야 하는 거다. 게다가, 이곳이 오늘의 마지막 정점도 아니었다. 지금부터 한 시간 동안 해발 150미터 이상을 더 올라 고개 하나를 또 넘어야 하는 것이었다. '크로와 뒤 본옴므 고개Col de la Croix du Bonhomme', 이름도 이 고개와 비슷하다. 고개 하나 더 넘는 거야 더 고생하면 되지만, 지금 두려워지는 건 눈앞에 놓여 있는 하얀 능선이다.

완벽한 설산 45도 경사면 윗부분에 가느다란 실처럼 선이 한 줄 그어져 있다. 앞사람들이 밟아 다져놓은 길이다. 미끄러지기라도 하면 그냥 300미터 아래 계곡으로 한 순간일 텐데, 아이젠을 준비 안 한 게 너무 후회막심이다. 능선 길을 보면 볼수록 겁은 더 나고, '도로 돌아가야 하나?' 잠시 생각해보지만 시간적으로 불가능하다.

언덕 아래에서 안 박사가 장엄하게 나타났다. 절벽을 타고 올라온 설인처럼 머리 부분부터 보이기 시작하더니 금세 언덕에 올라섰다. 뒤쪽의 멋진 설산들을 배경으로 영화 속 주인공처럼 근사한 모습이다. '몹시 힘들었고 겁 좀 먹었다'는 안 박사 하소연에 '나도 죽는 줄 알았다'고 답해줬다.

잠시 후 대피소에서 한숨 돌린 안 박사도, 남은 상황을 설명 듣고는 맥이 풀리는 표정이다. 나와 마찬가지로 아이젠은 안 가져온 모양이다. 능선에서 미끄러지면서 배낭 무게와 함께 가속이 붙어 수백 미터 계곡 아래로 추락하는 상상이, 잠시 머릿속에 떠올랐다 사라졌다.

겁을 숨기고, '내가 우선 시범을 보이겠다'고 허세를 부리며 먼저 출발했다. 멀리서 볼 때보다 가까이 와서 보니 두려움은 좀 적어졌다. 많은 사람들이 한 줄로 지나간 눈길이라 발자국들이 견고하게 굳어져 있었다. 오른쪽 계곡 쪽으로는 일체 눈 돌리지 않고, 정확히 발걸음 앞쪽에만 시선을 고정시켜 조심조심 나아갔다. 트레킹 여행을 하면서 오늘처럼 겁을 먹기는 처음인 것 같다.

대피소에서 두렵게 바라봤던 능선을 벗어나니 다행히 경사는 완만해지고 안전해졌다. "휴우~" 마음에 여유가 생기니 아직 위험구간을 걷고 있는 안 박사가 비로소 눈에 들어왔다. 다행히 거의 3분의 2는 지나온 것 같다. 만약에, 만약에 안 박사가 실수로 미끄러져 계곡으로 추락하게 되면 나는 어찌 해야 하는가? 배낭을 두고 계곡으로 내려가 피투성이 환자를 들쳐 업고 다시 올라온다? 람보라면 가능한 얘기다. 이곳에서 핸드폰이 터질진 모르겠지만 주변 숙소 여기저기에 신고하고, 나는 이 자리 지키고 서 있으면서 헬기를 기다리는 게 정답이겠다. 핸드폰이 안 터지면 저 아래, 오늘 묵을 산장까지 가급적 빨리 달려 내려가 신고를 먼저 하는 게 급선무이리라.

눈길과 암벽길이 번갈아 이어지면서 한 시간이 금세 지났다. 눈앞에 견고해 보이는 돌탑 하나가 나타났다. '크로와 뒤 본옴므 고개'의 정상, 해발 2,483미터 지점이다. 시야가 360도 확 트인 주변은 설산과 계곡이 겹겹이 이어지며 장관을 이루고 있었다.

크로와 뒤 본옴므 산장

잠시 후 안 박사가 헉헉거리며 도착했고, 그 뒤를 따라 이백여 미터 지점에서 올라오는 다른 누군가의 모습도 시야에 들어왔다. 담평원 지나 본옴므 고개 넘어 지금까지 안 박사와 나, 둘 외에 다른 트레커들 모습은 보이질 않았었다. 아침에 레콘타민에서 출발했을 대부분의 트레커들은, 우리가 조베 호수를 다녀오는 사이에 진작 이 고개를 넘어 산장에 이미 도착해 있을 것이다.

안 박사와 잠시 포옹하고 서로를 격려했다. 두 시간 동안 그 위험구간을 무사히 헤쳐 올라왔다. 둘 다 스스로를 대견하게 느끼고 있음을 서로가 알 수 있다. 안 박사 뒤를 따라오던 한 명의 트레커도 잠시 후 고개에 도착했다. 반갑게도(?) 빨간 옷을 입은 젊고 어여쁜 여성 동지이다. 말레이시아에서 왔다는 조세핀과 오랜 친구나 된 양, 셋이 서로 반갑게 인사를 나눴다. 같은 시간대에 같은 공간에서 같은 위험을 감수했다는 동지 의식이 서로 간에 은근히 넘쳐흐른다.

알프스의 설산 복판은 한낮인 것처럼 맑고 화창했지만 시간은 이미 오후 여섯 시 반을 넘어서고 있다. 열한 시간 가까이 계곡과 호수와 고개를 지나온 긴 하루에 종지부를 찍을 시간이다. 크로와 뒤 본옴므 고개 아래 설원에는 크로와 뒤 본옴므 산장Refuge de la Croix du Bonhomme이 산 중턱에 걸려 있다. 내리막을 따라 400여 미터 아래, 고작 십여 분이면 닿을 거리이다. 산장 너머 버텨선 우람한 바위산과 그 밑으로 이어진 계곡들로 하여 흡사 거대한 아가리 속으로 빨려 들어가는 느낌이지만, 우리 셋의 발걸음은 고향집 문 앞으로 다가가는 삼형제처럼 설렘으로 가득해졌다.

둘째 날
조베 호수와 본옴므 고개

7월 초 이전이면 담 평원부터 설원이다. 두 번의 고개를 넘는데, 아이젠 없이는 위험하다. 정규코스는 아니지만 조베 호수까지 해발 300m를 더 올랐다 내려오는 옵션이 있다. 왕복 3시간 걸린다. 알프스 설산의 호수를 만나는 기회이다. 체력이 신경 쓰이면 본옴므 넘는 다음 구간을 위하여 생략하는 게 좋다.

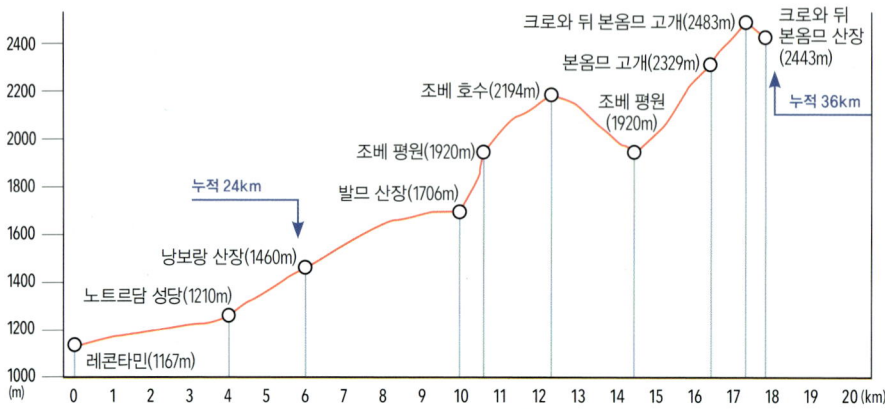

거리 18km **최고 고도** 크로와 뒤 본옴므 고개 2483m **최저 고도** 레콘타민 1167m **소요 시간** 트레킹 8시간 30분 + 발므 산장 주변 점심 1시간+조베 호수 등 휴식 1시간 = 총 10시간 30분 **구간별** 레콘타민(1167m) 4km → 노트르담 성당(1210m) 2km → 낭보랑 산장(1460m) 4km → 발므 산장(1706m) 0.5km → 조베 평원(1920m) 2km → 조베 호수(2194m) 2km → 조베 평원(1920m) 2km → 본옴므 고개(2329m) 1km → 크로와 뒤 본옴므 고개(2483m) 0.5km → 크로와 뒤 본옴므 산장(2443m)

📍 경유지 정보

노트르담 성당 봉낭 천을 끼고 계곡을 거슬러 올라가는 길에 만난다. 성당 건물이 아침 햇살에 반사되어 무척 아름답게 보인다.

로마 다리 본격적인 오르막이 시작되고 30분 동안 땀을 흘리고 나면 경사가 완만해지는 지점에서 오래된 석조다리를 만난다. 로마인들이 만들어놓은 로마가도의 일부였으리라 추정된다.

낭보랑 산장 로마 다리에서 완만한 길을 따라 15분 거리에 있다. 가는 도중에 꼭지에서 샘물이 흐르는 곳이 있어 한 모금 마시고 간다. 계곡을 벗어나면서 뒤돌아보면 몽주아 계곡 주변 숲의 전망이 시원해진다. 산장에 잠시 들러 차 한 잔 하고 갈 만하다.

발므 산장 낭보랑 산장에서 발므 산장까지 1시간 거리가 상당히 전망이 좋다. 멀리 앞에 서 있는 해발 2684m의 페나즈 봉을 향해 나 있는 굽이길이 한 눈에 보인다. 도중에 샘물터도 있다. 산장에서 점심을 사먹든지 주변에서 버너를 피워 간단한 음식을 만들어 먹을 수도 있다.

조베 평원 조베 호수로 가는 왼쪽길과 본옴므 고개로 가는 직진 정규코스를 만나는 삼거리 평원이다. 개울가 빙하수에 잠시 발 담가보는 것도 좋다. 조베 호수까지는 왕복 두세 시간이 걸린다.

조베 호수 해발 3196m의 통뒤 산 밑에 있는 호수이다. 알프스 산속 해발 2200m에 있는 호수와 만나기 위해 두세 시간 더 투자할 가치는 충분하다.

담 평원 호수에서 다시 조베 평원으로 내려와 정규코스와 만나면 다시 오르막이 시작되고 곧바로 담 평원을 만난다. 우람한 돌무덤 하나가 서 있다.

본옴므 고개 오르는 경사가 몹시 가파르다. 7월 초까지는 눈이 많이 쌓여 있어 반드시 아이젠을 준

비해야 한다. 고개 위에 자그마한 목재 대피소가 하나 있다. 고개를 넘으면서 방향이 바뀌어, 그동안 지나온 계곡과 산들은 시야에서 벗어난다.

크로와 뒤 본옴므 마지막 남은 오르막 구간이다. 6월 말에 지났는데 아이젠 없이 갔다가 몹시 겁을 먹었다. 계곡 쪽으로 미끄러질 위험이 커 보였다. 고개에 도착하면 시야가 확 트이며 주변 경관이 장관을 이룬다.

📍 길찾기 유의사항

본옴므 고개까지는 아무 문제 없이 길찾아 갔고, 본옴므에서 크로와 뒤 본옴므까지 오르는 길에서 약간의 혼선이 있었다. 사전에 지도로 이 구간에서의 방향을 미리 숙지해두는 게 좋다.

📍 숙박 시설

레콘타민

낭보랑 산장 Refuge de Nant Borrant
전화번호 +33(0) 450 470 357 **영업 시기** 6~9월
이메일 refugenantborrant@free.fr
홈페이지 www.refuge-nantborrant.com

발므 산장 Refuge de La Balme
전화번호 +33(0) 450 470 354 **영업 시기** 6월 중순~9월 중순 **이메일** refuge-labalme@outlook.fr
홈페이지 www.lescontamines.com

레샤피유

크로와 뒤 본옴므 산장
Refuge du Col de la Croix du Bonhomme
전화번호 +33(0) 479 070 528 **영업 시기** 6~9월
이메일 refugecroixdubonhomme@ffcam.fr
홈페이지 www.lerefugedubonhomme.free.fr

📍 식사

낭보랑 산장이나 발므 산장에서 점심을 사 먹을 수 있고, 버너로 간단히 조리해 먹을 수도 있다.

셋째 날,
프랑스에서 이탈리아로, 세이뉴 고개

미지의 세계와 조우

해발 2,443미터의 산장은 에너지로 넘쳐났다. 조베 호수를 내려오고부터 우리 앞뒤로 조세핀 말고 전혀 보이지 않던 트레커들은 모두 이곳으로 일찌감치 모여들어 있었나 보다. 본옴므 고개를 오르고 다시 크로아 뒤 본옴므까지 오르면서 우리처럼 기력을 거의 상실했을 텐데, 웃고 떠들고 먹고 마시는 모습들은 모두가 한결같이 하늘을 뚫을 기세다.

2층 방 침대에 배낭 내려놓고는 씻지도 않고 바로 식당으로 내려왔다. 축 처져 있던 우리도 잠시 뒤에는 실내 분위기에 점차 동화되어 갔다. 덩달아 활기가 솟구쳐 오르는 이 느낌, 아마도 이 공간은 서로가 서로에게 에너지를 주고받는 그런 뭔가가 있는 듯하다. 넓은 식당은 거의 한 자리도 빈 곳이 없을 정도로 꽉 찼다. 각각의 탁자마다 각자의 지방방송으로 왁자지껄하지만 소음이라는 느낌은 없고 그냥 리드미컬한 코러스에 가깝다.

음식 접시를 들고 탁자 사이사이를 바삐 오가는 젊은 종업원들도 특이하다. 각자 무조건 흥겨워하기로 주방에서 미리 약속들이나 한 건지, 콧노래를 흥얼거리거나 손님들 옆에 서서 본연의 서빙 일을 잊고 대화에 몰두하는 등 다양한 모습들이다. 우리 식탁에 앉은 안 박사와 조세핀도 마찬가지. 본연의 식사 일을 잊고는 아까부터 각자의 신상과 취미 얘기로 서로 질세라 수다를 풀어내는 중이다.

영어에 약하고 나이에도 약한(?) 나는 오로지 영양 섭취에 몰두하면서도 말레이시아 처자의 말에는 귀를 쫑긋 세우고 있다. 연중 휴가를 이용하여 세계 각국을 혼자 여행한다고 한다. 조세핀의 입에서 최근 몇 년 트레킹 다녔던 지역들이 줄줄이 소환되었다. 네팔의 안나푸르나, 랑탕, 코사이쿤다 등이 거론되고 중국과 인도네시아의, 내가 모르는 트레일 이름들도 여러 군데 이어진다. 독신여성의 자유로움이 돋보였고 세상 어느 곳에서 어느 누구를 만나도 거리낌이 없을 것 같은 자신감이 몸에 배어 있다. 다국적 제약회사의 영업직에 오래 종사한 전문성이 그녀의 그런 적극적 성향을 뒷받침하는 듯하다. 외국인 회사 중역인 안 박사와 공통점이 많아 보이고 둘 모두 계속되는 대화에 서로 큰 흥미를 느끼고 있음을 알 수 있다.

식사를 마친 트레커들이 알프스 일몰을 감상하기에 식당 앞 발코니는 아주 매력적인 장소였다. 서쪽 어디론가 떨어지는 태양의 모습은 설산에 가려 보이지 않지만, 그가 내뿜는 마지막 불꽃은 주변 하얗던 설산을 붉게 물들여놓았다. 일몰에 비친 하늘과 구름의 모습이야 세상 어디에나 같겠지만, 알프스 설산 경사면에 투영된 석양의 색감은 근래 내가 본 적이 없는, 장엄함의 극치였다. 길을 잃은 건지 집으로 돌아가는 건지 알 수 없는 산양 한 마리가, 멀리 설산 바위 위를 외롭게 걸어가고 있다. 붉게 물든 하늘을 배경으로, 패션 모델의 워킹처럼 발코니 트레커들의 시선과 카메라를 의식하는 자태이다.

간밤은 남미 파타고니아를 추억하며 잠들었다. 아르헨티나의 맨 아래쪽 엘찰텐El Chalten 마을에서 해발 1,200미터의 산정 호수까지 겨우겨우 올랐는데, 눈앞에 솟은 해발 3,405미터의 피츠로이Fitz Roy 봉우리는 구름에 쌓여 있었다. 다른 트레커들처럼 두 시간 동안 그곳에 누워 졸다 자다를 반복하며 기다렸지만 봉우리의 구름모자는 끝내 벗겨지지 않았다. 백두산에 올랐으나 구름에 가려진 천지만 바라보다 내려오는 것처럼 아쉬움이 많았던 피츠로이였다.

이곳 크로와 뒤 본옴므 산장은 각 방마다 번호가 아닌, 세계 유명 설산들의 이름을 부여했다. 4인실 우리 방 이름은 '피츠로이'였다. 방문 앞에 걸린, 구름모자 전혀 없는 맑고 시원한 피츠로이 봉우리 사진 덕택에 6개월 전의 남미 트레킹을 추억하며 잠들었다.

시설과 공간 면에서 전날 레콘타민 호텔의 럭셔리함과는 극과 극의 차이였지만, 알프스 설산 깊숙한 곳에 누웠다는 감상이, 좁은 잠자리를 아늑하게 해줬다. 샤워는 꿈도 못 꿀 정도의 차디찬 냉수로 간단한 고양이 세수를 마쳤음에도 온몸은 새벽 정기로 가득 차오르는 느낌이다.

아침 여섯 시의 식당은 아직 침침하고 텅 비었지만 식탁마다에는 아침식사를 위한 식기와 유리잔들이 정갈하게 고객 맞을 준비를

↑
↓ 크로와 뒤 본옴므 산장 발코니에서 바라보는 석양의 두 장면

투르 드 몽블랑 | 셋째 날

하고 있다. 독특한 차림새와 개성 넘치는 헤어스타일로 각기 다양한 이미지를 연출하던 종업원들이 간밤에 이미 세팅해 뒀는가 보다. 자신이 좋아하는 일을 한다는 자부심으로 똘똘 뭉친 젊은이들이었다. 고산 지역 특유의 활력까지 온몸으로 보여준 그들은, 힘든 여정을 거친 후 이곳에서 하룻밤 묵어 가는 트레커들에겐 에너자이저 같은 존재였다. 삼면이 유리로 둘러싸인 식당 안으로 알프스 설산의 아침빛들이 어느 새 꽉 들어찼고, 식탁에도 하나둘씩 사람들이 모여들기 시작한다.

TMB 사흘째인 오늘은 세이뉴 고개를 넘어 이탈리아 땅으로 들어가는 날이다. 고개를 넘기 전 프랑스 마지막 마을까지 내려가는 데는 두 개의 루트가 있다. 해발 900미터를 거의 수직으로 내려가 레샤피유 마을에 도착한 후 완만한 포장도로를 따라 300미터를 더 올라가는 한 가지 방법이 있고, 이곳에서 해발 200미터를 더 올라 푸르 고개를 넘은 후 완만하게 800미터를 내려가는 두 번째 방법이 있다.

전자의 우회코스가 직선코스인 후자보다 거리는 거의 두 배에 가깝다. 더 높은 푸르 고개를 넘는 후자의 코스가 당연히 경치는 더 나을 것이다. 레이놀즈의 가이드북은 레샤피유 마을을 경유하는 우회코스를 정규로 소개하는 만큼, 우리는 더 많이 걷는 전자의 방법을 선택했다. 두 개의 길이 있을 때 특별한 이유만 없다면 가이드북 지침에 따르는 게 유리함을 잘 알기 때문이다.

라자 산장

일곱 시 십오 분에 산장을 출발했다. 아침 하늘은 오늘 하루의 날씨를 예고하듯 기분 좋게 맑았다. 동쪽에서 솟아오른 태양은 사방 360도 설산과 대지를 찬란하게 비춰주고 있으나, 우리가 향하는 내리막 골짜기와 계곡들은 산 그림자에 싸여 아직은 희미한 어둠에서 벗어나지 못하고 있다.

"이 방향이 맞다고 생각하는가?"

앞서 가던 젊은 친구가 멈춰 서더니 뒤돌아보며 물어왔다.

"글쎄 우리도 잘 모르겠다. 우리는 당신 뒤를 따라왔다."

길 몰라서 그를 뒤 따라온 건 아니지만 농담 삼아 대답해줬다.

"당신들도 푸르 고개가 아니라 레샤피유로 가는 거겠지?"

그가 물었다.

"물론이다."

"그럼 이 길이 맞을 것이다. 먼저들 가라. 난 담배 한 대 피우고 갈란다."

길이 맞는지 물어놓고는 자기가 생각한 길이 맞다고 대답하며 그는 잔디 위에 주저앉는다. 아주 젊은 친구인데 등에 진 배낭이 우리의 두 배는 되어 보인다. 서로의 국적과 이름을 주고받고는 다시 보자며 헤어졌다. 프랑스인 폴 메네데Paul Menedez, 우리처럼 산장에 숙박하는 게 아니라 혼자 야영을 하며 TMB를 종주한단다. '열흘 걷는 것쯤이야 식은 죽 먹기 아니겠는가?' 좀 쉽게 생각하고 온 것인데 이틀을 걸어본 경험으로는 당초 예상처럼 그리 만만한 트레일이 결코 아니다. 이런 쉽지 않은 산행길을, 텐트와 식자재를 짊어지고 다니며 매일 밤 야영을 하고 매 끼니를 취사해 먹는 게 얼마나 대단한 일인지, 나에게는 참으로 아득하다.

해발이 2,000미터 아래로 낮아지면서 미끄럽던 눈길은 끝났다. 눈 속에 얼어붙어 겨우 숨만 쉬던 잡초들이 이제 기지개를 펴고는 있지만 여전히 누렇게 시들어 있다. 네모로 돌담 둘러쳐진 가옥 두 채를 지날 즈음 주변은 짙은 녹색으로 바뀐다. 오랜 겨울눈을 걷어내고 다시 되살아난 생명들이 거친 숨결을 뿜어내며 각자의 몸집을 불리고 있다. 뒤돌아보면 간밤에 묵었던 크로와 뒤 본옴므 산장이 설산 위에서 고고하게 우리를 내려다보고 있다.

이윽고 라자 산장Chalets de la Raja을 지난다. 산장 주변에 넓게 둘러쳐진 철조망을 조심스레 넘어 수백 마리 양떼들 사이를 가로지른다. 양들의 배설물을 밟지 않으려면 단 한 발자국도 무심코 내디뎌선 안 된다. 철조망 바깥 구역이 덥수룩한 장발족이라면, 철조망 안쪽은 논산 훈련소 갓 입소한 신병의 머리칼이다. 고개 숙인 양들이 쉴 새 없이 풀 뜯어먹는 왕성한 식욕 때문이다. 빙 두른 철조망 줄이 산장 안과 바깥을 엄격하게 경계 짓고 있다.

↑ 모테 산장에서 세이뉴 고개로 향하는 능선길. 가파르지만 눈이 즐겁다
↓ 모테 산장 앞마당. 이탈리아인 요한 한센 씨와 그의 행복한 아기. 아기를 업고 온 트레커 부부들을 자주 만난다

레샤피유 마을

크로와 뒤 본옴므 산장까지 올라가는 데 한 시간 오십 분 걸린다는 이정표를 지났다. 내려오는 데는 오르는 것보다 절반 약간 넘은 시간이 걸린 셈이다. 레샤피유까지는 사십오 분 더 가야 한단다. 라자 강 의 시원한 물소리를 들으며 석조다리를 지났다. 본옴므 산장 근처 어디쯤에서 녹아내린 겨울눈들일 것이다. 초여름 오늘 아침까지 기어코 버티다가는 어쩔 수 없이 스르르 녹아, 나보다는 두세 배 더 빠른 속도로 이 다리까지 달려 내려왔을 터이다. 라자 강 물은 얼마 후, 눈앞에 우람하게 버티고 선 라크라베타즈La Clavettaz 산 아래 계곡물로 합쳐지면서, 본옴므라는 고향도 잊어버릴 것이고 라자라는 자신의 이름도 잃어버릴 것이다.

이른 아침부터 우리와는 반대로, 설산을 향해 올라가는 사람들과 자주 마주친다. 저 높은 곳을 향한 기대감에 한결같이 에너지가 넘치는 모습들이지만 이미 내려온 우리들에겐 다시 같은 길을 거슬러 올라가라면 죽어도 못할 일이다. 이윽고 레샤피유Les Chapieux 마을에 도착했다.

해발 1,549미터 팻말, 한 시간 반 만에 900미터를 내려왔다. 넓은 캠핑장에 조그만 마트까지 있는 아담한 계곡마을이다. 레콘타민을 지나와 처음 만나는 마트이다. 아마도 내일 오후까지는 산장에서 사 먹을 수 있는 식료품 외에 필요한 물품들을 구할 곳이 여기밖

← 세이뉴 고개를 넘어 이탈리아 땅으로 내려가기 시작한다

에는 없을 것이다. 오늘 갈 길이 멀다. 세이뉴 고개를 넘어 프랑스를 벗어나 이탈리아 땅으로 들어가려면 앞으로도 여섯 시간은 족히 더 걸릴 것이다.

글라시에 마을

지도상에 그려진 TMB 170킬로미터 루트는 길쭉한 포물선 형태를 취한다. 위쪽 끝은 북동쪽을 향해 스위스 땅에 위치하고, 아래쪽 끝은 프랑스 땅이면서 남서쪽을 향해 기울어져 있다. 레샤피우 마을을 벗어나면서 포물선 하단의 분기점을 지난다. 남서쪽을 향했던 급경사 하산길이 정반대인 북동쪽으로 꺾이며 완만한 오르막길로 바뀌었다.

간간히 오가는 차량들을 피해 옆으로 길을 비켜줘야 하는 이 길은 단조롭고 지루하다. 맑은 여름날의 오전 햇살이 아스팔트 차도에 부딪혀 뜨거운 복사열로 변하고 있다. 온몸의 땀샘은 어미 새 앞에 모이 달라 재잘거리는 새끼 참새들 입구멍처럼 활짝 열렸다. 도중에 만난 두 번의 나무그늘이 그래서 반가웠고, 그늘 아래에서의 십여 분씩 졸음은 말 그대로 꿀맛이었다.

홀연히 눈앞에 나타난 집 한 채 앞에 이정표 하나 서 있다. '세이오지Seloge 1,800미터', 창고 같은 건물들만 몇 채 보이는 이 지역의 이름인 모양이다. 레샤피유 마을이 해발 1,554미터였으니 한 시간 반 동안 246미터를 완만하게 올라온 셈이다. 지루했던 전망이 확 트이면서 드디어 프랑스 땅 마지막 마을이 눈앞에 나타났다. 기대와 달리 가옥이나 건물이라곤 몇 채 되지 않았지만 글라시에 마을La Ville des Glaciers은 위용이 넘쳐났다. 병풍처럼 주변을 둘러싼 설산 에귀데 글라시에Aiguille des Glaciers의 웅장함 덕택이었다.

해발 3,816미터 봉우리 부분의 검은 바위들과 하얀 눈이 적절한 조화를 이루며, 구름 없는 파란 하늘에 아름답게 대비되고 있다. 글라시에 마을 사거리에는 노란색 이정표가 여섯 개나 매달려 있다. 앞과 뒤 그리고 왼쪽으로는 모두 프랑스 땅이다. 국경을 넘어 이탈리아 땅으로 들어서기 위해서 오른쪽 자갈길로 들어선다. 이정표에는 오늘의 종착지 엘리자베타 산장까지 세 시간 십 분으로 표기되어 있다. 그동안 며칠간의 경험으로는 아마 한두 시간쯤 더 걸릴 것이다.

모테 산장

글라시에 빙하천Torrent des Glaciers은 눈앞에 버텨선 에귀데 글라시에Aiguille des Glaciers의 빙하가 수십 갈래로 녹아내리다 한 곳으로 모아져 흐르는 하천이다. 두 시간 가까이 걸어온 글라시에 계곡Vallee des Glaciers을 따라 레샤피우 마을을 지나고 더 낮은 지역으로 흐르다 어딘가에서 더 큰 물길에 합쳐질 것이다. 계곡에 숨어 소리로만 존재를 알리던 그 하천이 앞을 가로막지만 큼직하게 걸쳐진 나무다리가 있어 사뿐히 건널 수 있었다.

초록이 짙은 능선에 한 뼘이나 될까, 조그맣게 난 오솔길을 따

1

2

1. 이탈리아에서 묵은 첫 숙소 엘리자 베타 산장. 5인용 침상이다 2. 자주 만나는 급류 하천. 대개는 신발을 벗고 건넜다 3. 모테 산장, 프랑스를 떠나 이탈리아로 향하기 전 마지막 가옥 4. 세이뉴 고개에서 하산하는 트레커들. TMB를 역방향으로 종주하고 있다

3

4

라 글라시에 빙하천과 나란히 걷다보면 큼직한 농가로 보이는 건물 몇 채가 자태를 드러낸다. 에귀데 글라시에가 넓게 펼쳐놓은 녹색의 치마폭에 다소곳이 앉아 있는 형상이다.

모테 산장Refuge des Mottets은 오랫동안 목장으로 운영해 오던 농가 건물을 5, 6년 전 개조하여 지금과 같이 아늑한 휴식처로 만들었다. 레샤피유 마을 이후 세이뉴 고개 넘어 이탈리아 땅으로 내려가기까지 이곳이 유일한 편의시설이다. 때문에 TMB를 종주하는 트레커들은 열이면 열 모두 이곳에 잠시 들러 숨고르기를 하거나 또는 하룻밤을 묵고 간다.

오전 11시 반의 산장 앞은 탁자들 옆에 배낭 내려놓은 트레커들로 북적였다. 푸르 고개Col des Fours를 넘어 8킬로미터를 걸어왔거나, 우리처럼 레샤피유 마을을 경유해 12킬로미터를 걸어온 사람들이다. 모두가 맑은 하늘과 따뜻한 햇살 아래 뭔가를 마시거나 얘기를 나누며 산장의 아늑한 분위기를 즐기고 있다. 한발 먼저 도착한 안 박사가 두발 먼저 와 있던 프랑스인 폴Paul과 다정히 앉아 담배를 피고 있다.

아침에 잠깐 스쳐 만나며 '이 길이 맞는지' 서로 물어볼 때는 몰랐는데 배낭 내리고 모자 벗은 모습의 폴은 꽤나 동안이었다. 직업군인이란다. 프랑스 보병 정비대 근무, 나이 19세, 2주 휴가 중 일주일을 TMB 종주 목표. 새로 알게 된 그의 신상이 흥미로웠다. 외국인들의 나이를 외모와 연결시키기는 늘 쉽지가 않다. 30대 초반이나 되었을까 짐작했는데 아직은 많이 어린 나이라는 게 놀라웠다.

이 친구보다 나이가 더 많은 내 아들이 혼자 야영하며 일주일을 험지 트레킹에 나선다면 내가 과연 안심할 수 있을까. 어린 프랑스 군인이 새삼 대견스러워졌다.

지난밤은 본옴므 고개에 있던 그 자그만 오두막 대피소에서 텐트도 안 치고 침낭 하나로 잤다고 한다. 사방이 허허벌판 눈밭, 해발 2,329미터 고지의 오두막에서 혼자 별을 헤며 밤을 세웠을 그를 생각하니 신비와 경외감이 가득 느껴졌다. 사양하는 그를 설득해 내가 점심을 사기로 했다. 그는 생맥주를 사겠단다.

건물 안 레스토랑은 밖에서 느껴지는 아늑함에 고풍스러움을 더한 분위기였다. 탁자 여기저기에 앉은 트레커들이, 배낭에 챙겨왔거나 여기서 주문한 음료와 음식으로 유쾌한 점심시간을 보내고 있다. 널찍한 6인용 탁자에 자리를 잡았다. 안 박사가 폴과 나에게 의향을 물으며 주문할 음식을 고르는 동안 내 눈은 천정과 벽의 실내 인테리어에 꽂힌다. 인테리어라 하기도 뭐하게 그냥 일상에서 썼음직한 온갖 종류의 물품들이 요소요소에 다양한 형태로 걸리거나 붙어 있다. 술병, 물통, 주전자, 낫과 각종 농기구들, 시들어버린 꽃묶음, 다양한 차 도구, 각종 공예품 등등.

소박했던 시절의 일용품들뿐인데 전체적으로 품격이 느껴진다. 여기 주인의 부모님 또는 할아버지 할머니의 손때가 묻었을 터이고 땀과 숨결이 배었을 소품들이다. 군데군데 소박한 액자에 붙어 있는 빛바랜 사진 속에는 여러 인물들이 다양한 표정을 짓고 있다. 한 가족의 몇 대에 걸친 단출한 역사가 깃들어 보이고 서로 간의 애정이 공간 가득 느껴진다. 이탈리아로 넘어가기 전의 프랑스 마지막 마을 모테 산장은 박물관이나 다름없다. 알프스 산골마을 한 가족의 역사박물관에서 초여름 한낮 두 시간을 아늑하게 보냈다.

세이뉴 고개

2차 대전이 끝나고 얼마 안 되어 미 공군의 B-17 폭격기 한 대가 이곳 상공에서 훈련 중 사고를 당했는가 보다. 모테 산장을 떠나 본격적인 오르막이 시작되는 지점 큰 바위에, 묵직한 추모 동판 하나가 붙어 있어 눈길을 끈다. 허드슨, 포드, 로렌스, 알프레드, 존, 윌리엄, 졸튼, 카셀. 함께 추락해 사망한 미 공군 대원 여덟 명의 이름이 큼직하게 열거되어 있다. 저 높은 에퀴데 글라시에 봉우리에서 폭발하여 잔해도 없이 빙하의 일부가 되었을 것이다.

모테 산장은 어느새, 에퀴데 글라시에 설산을 병풍으로 거대하게 펼쳐진 녹색의 정원에 살포시 내려앉은 흰나비 서너 마리와 같아졌다. 수백 마리의 소떼들이 고개 숙여 풀을 뜯고 가까운 곳에선 세 명이 트레커들이 퍼질러 앉아 샌드위치를 먹고 있다. 산장으로 이어진 여러 갈래의 오솔길 위로는 트레커들 여럿이 무리 잃은 개미들처럼 각기 산장을 향하거나 산장을 벗어나고 있다.

모테 산장이 시야에서 벗어나면 더 광대한 세계가 펼쳐진다. 글라시에 계곡 전체가 한눈에 들어왔고, 아침에 잠시 머물렀던 레 샤피유 마을이 몇 개의 점으로 나타난다. 몇 시간 동안 내가 걸어온

↑　크로와 뒤 본옴므 산장 발코니 정경. 먼저 도착한 트레커들이 눈 속에서 축축해진 신발을 벗어놓았다

그 길이 하얀 실처럼 구불구불 이어졌다. 계곡 너머에는 내가 지나오지는 않았지만 푸르 고개가 또 다른 병풍을 치고 있다.

연거푸 뒤돌아보느라 시간이 많이 지체되었다. 거세게 몰아쳐 흐르는 빙하천 앞에서 다시 시간이 지체되었다. 한 사람이 배낭 무게에 휘청거리며 맨발인 채로 양손 스틱에 의지해 물살을 헤쳐 나가고 있다. 몇몇이 주저앉아 그를 응원하고 다른 한 명이 뒤를 따르려 신발을 벗고 있다. 빙하천의 남들 건너는 루트를 잘 살펴보며 한참을 기다린 후 안 박사가 무사히 건너고 이어서 내가 뒤따랐다. 넘어지는 날에는 배낭과 함께 상처투성이 물귀신이 될 만한 물살이었다. 모테 산장에서 세이뉴 고개까지 두 시간 거리를 30분 더 걸려 도착했다. 난생 처음 밟게 될 이탈리아 대지가 저만치 앞으로 다가왔다.

해발 2,443미터의 크로와 뒤 본옴프 산장에서 이른 아침 출발하여 1,554미터 레샤피유 마을로 내려왔다. 다시 해발 1,000여 미터를 서서히 오르고 올라 오후 네 시, 이곳 세이뉴 고개 Col de la Seigne에 선 것이다. 한 나라의 국경을 넘는 일에 상응하는, 충분히 수고로운 여정이었다. 그러나 막상 도착한 국경은, 국가와 국가의 경계라고 하기엔 너무나 단출하다.

동해안 해파랑길의 종착지인 고성 통일전망대 위에서 내려다봤던 남과 북 그 경계의 답답함 같은 건 없다. 사람 키만 한 표지석 꼭대기 부분에 앞뒤로 알파벳 'F'와 'I'만 새겨놓았다. '이쪽은 프랑스이고 저쪽은 이탈리아이니 그리들 아시오' 하는 식이다. 국경의 표지는 이리 싱겁지만 눈을 들어 주변을 둘러보면 다른 세계가 펼쳐져 있음을 실감하게 된다.

케브 레이놀즈의 가이드북 표현이 어쩜 이리도 적절한가. 'The revelation of a new world', 말 그대로 '신세계의 등장'인 것이다. 뾰족뾰족한 첨봉들이 이름 모를 산과 산들로 겹겹이 이어지고, 그 사이로 눈 덮인 내리막이 길게 펼쳐져 있다. 장관이다, 압도적이다 따위의 표현들이 이런 정경을 위해 존재할 것이다.

저 내리막이 기다란 리블랑쉬Lee Blanche 계곡과 베니 골짜기Val Veni로 이어지고, 다시 산을 넘으면 내일은 이탈리아의 첫 도시 쿠르마예르Courmayeur를 만난다. 모레 다시 산과 계곡을 건너고 건너면 글피 오전쯤 페레 고개Grand Col Ferret를 넘는다. 이탈리아를 벗어나 스위스 땅으로 발을 들이는 것이다. 나라와 나라를 넘나드는 일이 이리 간단하구나 실감하며 표지석 주변 큼직한 돌무덤 쪽을 서성였다. 왁자지껄한 열댓 명의 트레커들 단체사진을 한 장 찍어주고 대가로 와인 한 잔 얻어 마셨다. 알프스의 상큼한 정기가 목젖을 따라 온몸 세포로 스며든다. 주변 알프스 트레커들의 웃음에 실린 상쾌함 또한 온몸을 훈훈하게 데워온다.

엘리자베타 산장

비 오거나 한겨울 칼바람 앞에서는 서 있기조차 힘들 고지대이다. 청량한 하늘 아래 바람은 거세지만 바람이 부딪혀오는 두 뺨의 감촉은 한없이 상큼하다. 프랑스와 이탈리아의 국경에서 참으로

↑ 모테 산장을 떠나 세이뉴 고래로 오르면서 뒤돌아본 정경

운 좋은 날씨를 만났다. 빙하와 흰 눈을 뒤집어쓴 날카로운 바위산들이 도도하게 둘러서 있지만, 사방은 탁 트인 느낌이다.

프랑스 쪽과는 달리 이탈리아 쪽 고갯마루는 온통 설원이다. 흰 눈과 리블랑쉬 계곡의 웅장함에 압도되었는지, 이제 우린 정말 미지의 신세계로 한 발자국씩 내딛고 있다는 비장감에 젖어든다. 하산 시작한 지 삼십 분 만에 설원은 끝났다. 개천 하나를 사이에 두고 큼직한 나무다리를 건너고 나면 눈밭이 끝나고 촉촉한 느낌의 흙길이 이어진다. 이윽고 낮은 초원에 이른다.

이탈리아의 계곡은 광활했다. 계곡이라기보다는 두 개의 거대 산맥 사이에 위치한 대평원이나 마찬가지이다. 산장이 나타날 때가 되었다고 생각하며 고개 들어 앞을 봤다가 실망하기를 몇 번. 엘리자베타는 예상치 못한 곳에서 나타났다. 잠시 고개 돌려 한 눈 팔면서, 봉우리들이 참 날카롭구나, 빙하가 저기 산 중턱까지 내려왔구나, 생각하는 순간 언덕 중턱에 자그만 집 한 채가 고고하게 서 있었다. 직감적으로 오늘의 종착지 엘리자베타 산장임을 알 수 있었다.

반갑기보다는 맥이 풀렸다. 당연히 평지일 줄 알았는데 저 언덕 중턱까지 올라가려면 다시 막바지 힘을 짜내어야 한다. 전에 어디선가 엘리자베타를 일컬어 '구름 위의 산장'으로 표현했던 글을 읽은 적이 있다. 적절한 묘사임을 알 수 있다. 어쨌든 우리는 TMB 셋째 날 이탈리아로 넘어왔다. 십오 분만 오르면 이탈리아에서의 안락한 첫날밤이 시작되는 것이다.

셋째 날
프랑스에서 이탈리아로, 세이뉴 고개

국경을 넘는 세 번의 기회 중 그 첫 번째인 세이뉴 고개를 넘는 코스이다. 해발 고도차 1000m를 오르기 때문에 체력적으로 만만치는 않지만 그다지 험한 코스는 아니다. 두 번에 걸친 내리막의 경사가 좀 가파른 편이다. 알프스 설산의 2500m 급 고개 정상에 두 번 오른다는 데에도 의미가 있다.

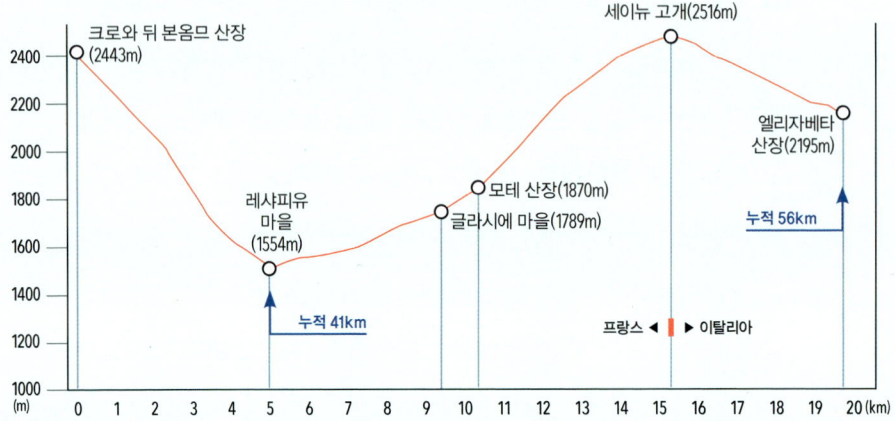

거리 20km 최고 고도 세이뉴 고개 2516m 최저 고도 레샤피유 마을 1554m 소요 시간 트레킹 8시간 + 모테 산장 점심과 휴식 2시간 = 총 10시간 구간별 크로와 뒤 본옴므 산장(2443m) 5km → 레샤피유 마을(1554m) 4.5km → 글라시에 마을(1789m) 1km → 모테 산장(1870m) 5km → 세이뉴 고개(2516m) 4.5km → 엘리자베타 산장(2195m)

📍 경유지 정보

크로와 뒤 본옴므 산장 트레킹 출발 후 처음 만나는(7월 초 이전이라면) 설산 위의 산장이다. 산장 종업원들이 에너지가 넘치고 활기찬 분위기이다. 일몰 시간을 놓치지 말자. 발코니에 서 있으면 설산에 비친 석양 풍경이 몹시 근사하다.

라자 산장 가파른 내리막을 따라 한 시간 반을 내려오면 만난다. 산장 주변에 철조망이 넓게 둘러쳐지고 그 안에 수백 마리 양떼들이 있다. 철조망을 넘어 양떼들 사이를 지난다.

레샤피유 마을 이곳까지 하산길이 몹시 가파르다. 아직은 여정 초반이므로 무릎에 무리가 안 가도록 조심할 필요가 있다. 조그만 마트가 있어 필요한 물품을 미리 사둘 필요가 있다. 향후 36시간 정도 마트를 만날 수 없다. 타원형의 TMB 루트에서 아래쪽 변곡점이 되는 지점이다. 남서방향으로 내려오던 것이 레샤피유 마을을 지나면서 정반대인 북동방향으로 바뀐다.

글라시에 마을 레샤피유에서 이곳까지 오는 한 시간 길은 좁은 아스팔트 차도이며 몹시 지루한 구간이다. 글라시에 마을 입구에서 개울을 건너면 모테 산장으로 올라가는 길이다.

모테 산장 세이뉴 고개를 넘기 전에 이곳에서 충분히 휴식을 취하는 게 좋다. 산장 뒤에 병풍처럼 펼쳐진 에귀데 글라시에가 글라시에 마을과 모테 산장을 더욱 빛나게 한다. 산장 외관은 시골 가옥처럼 밋밋하지만 실내 분위기는 몹시 고풍스럽고 아기자기하다. 음식도 정갈하고 맛있다.

세이뉴 고개 프랑스에서 이탈리아로 넘어가는 고개이다. 산장에서 고개까지는 두 시간 거리인데, 그동안 지나온 본옴므 고개와 글라시에 계곡을 한눈에 조망해 볼 수 있다. 반대로, 고개 정상에 다다르면 이탈리아 쪽 경관이 신세계나 신천지 같은 느낌을 준다.

엘리자베타 산장 TMB에서 처음 만나는 이탈리아 숙소이다. 국경 지역에 위치한 산장이라 몹시 붐빈다. 반대 방향으로 세이뉴 고개 오르는 트레커들도 많기 때문이다. 조금 빨리 도착한다면 다인실 침대 그나마 좋은 위치를 선점할 수 있다.

📍 길찾기 유의사항

길 잃을 가능성은 거의 없는 구간이다. 다만, 세이뉴 고개에서 리블랑쉬 평원까지 내려온 후 엘리자베타 산장까지 찾아가는 거리가, 지도에 표기된 것보다는 몹시 길게 느껴진다.

📍 숙박 시설

레샤피유

노바 산장 Refude Auberge de la Nova
전화번호 +33(0) 982 126 435 **영업 시기** 5월말~9월말 **이메일** info@refugelanova.com
홈페이지 www.refugelanova.com

모테 산장 Chalet-Refuge des Mottets
전화번호 +33(0) 479 070 170 **영업 시기** 6월 중순~9월 중순 **이메일** refuge@lesmottets.com
홈페이지 www.lesmottets.com

로베르블랑 산장 Refuge Robert Blanc
전화번호 + 33(0) 479 072 422 **영업 시기** 6월 중순~9월 중순 **이메일** info@refugerobertblanc.fr
홈페이지 www.refugerobertblanc.fr

리블랑쉬 계곡(이탈리아 시작)

엘리자베타 산장 Rifugio Elisabetta Soldini
전화번호 +39(0) 165 844 080 **영업 시기** 6~9월 동안 오픈 **이메일** info@rifugioelisabetta.com
홈페이지 www.rifugioelisabetta.com

📍 식사

점심은 레샤피유 마을에서도 간단하게 가능은 하나 너무 이른 시간이다. 점심식사하고 잠시 휴식하기에 모테 산장이 좋다.

세이뉴 고개를 내려오면 르블랑쉬 계곡이 시작된다. 이탈리아에서의 첫 숙소인 엘리자베타 산장을 향해 가고 있다

넷째 날,
쿠르마예르와 베르토네 산장

몽블랑과 가장 가까워지다

TOUR DU MONT BLANC

    세이뉴 고개에 그 많던 트레커들이, 이탈리아 땅으로 넘어오면서부터는 거의 보이질 않았었다. 엘리자베타 산장Refugio Elisabetta에 들어와 보니 언제 다 이리로 모였는지 온통 북적거린다. TMB 종주는 시계방향이건 반대방향이건 큰 차이는 없다. 산장에 모여든 이들 중 절반은 우리와 반대방향으로, 오늘 쿠르마예르를 거쳐 왔고 내일 아침 세이뉴 고개를 오르려는 사람들로 보인다.

    첫날 레콘타민의 호텔에서는 욕실 딸린 2인실에서 럭셔리하게 일박 했고, 그제 크로와 뒤 본옴므 산장에서는 2층 침대 두 개 있는 도미토리 4인실이었다. 지난밤 엘레자베타에서는 5인용 침상의 한가운데 자리였다. 여행 중 어떤 유형의 불편한 잠자리에도 익숙하다고 스스로 자부하지만, 간밤은 잠이 들 때까지 다소의 시간과 노력이 필요했다. 5인용 침상 자체가 비좁았고, 양쪽에서 들려오는 콧소리와 이 가는 소리 때문이었다. 왼쪽으로 돌아누우면 잠이 잘 오는 습관이 있는데 그에 따르기에도 몹시 어색한 간격이라 반듯이 누운 정자세로 잠을 청해야 했다. 잠이 막 들려 할 즈음 부스럭부스럭 일어나 아래층 화장실을 다녀오는 번거로움도 있었다. 침상 주변에 널브러진 배낭과 양말 등에서 스며나오는 은은한 향기가, 잠들기까지 퀴퀴하게 코를 자극했다. 하지만 아침에 눈을 뜨니 주변은 산뜻한 알프스의 향기로 채워져 있었다.

    잠자리의 비좁음은 숙박 인원이 많이 몰린 때문인 것 같았다. 이른 아침부터 산장 안은, 일어나고 씻고 준비하고 식사하고 떠나는 사람들로 온통 북적대었다. 안 박사는 일찌감치 일곱 시 반에 출발했고 나는 어제 미뤄둔 블로그 포스팅을 마무리하느라 좀 늦어졌다. 여행지에서 그날그날 찍은 사진들을 선별하고 정리해서 간단한 일기 형태로 블로그에 포스팅하는 일은 4년 동안 몸에 밴 습관이 되었다. 누구에게나 있을 수 있는 자랑심리이기도 하지만 매일의 일상을 그때그때 정리하고 잊어버리기 전에 기록해두는 그런 의미가 컸다. 여행 끝나고 집에 돌아가서 별도로 다시 복기할 필요가 없이, 현지에서 모든 걸 다 끝내두는 것이다.

    잠자리가 복잡하긴 했으나 엘리자베타는 실내의 꾸밈과 구조가 꽤나 럭셔리한 분위기의 산장이다. 실외로 나오면 석조건물 특유의 무게감이 있고, 뒷산 중턱까지 내려온 두 개의 거대 빙하는 이 산장의 든든한 백그라운드가 되고 있다. 무엇보다도 북동쪽으로 펼쳐진 베니 계곡 Val Veni의 장관이 어제 오후의 느낌과는 많이 다른 분위기이다. 강렬한 아침햇살이 흰 구름을 뚫고 산 중턱과 대지를 비춰주니, 이제 나의 발걸음이 향할 저 멀리 평원과 계곡은 신비에

싸인 신천지나 다름없어 보인다.

콤발 호수 삼거리

산장 아래 서 있는 말뚝의 TMB 이정표가 오늘의 여정을 일깨워준다. 라비자이La Visaille 마을까지 한 시간 이십오 분, 메종 비에유 산장Rifugio Maison Vieille까지 두 시간 오십오 분, 쿠르마예르Courmayeur까지 네 시간 삼십 분. 지난 며칠 동안의 경험으로 보면 이정표 시간에 50퍼센트를 더해주면 대략 내 걸음속도와 맞아떨어진다. 지도와 가이드북에서 거리와 고도를 따져본 바로는 쿠르마예르까지 나에겐 여섯 시간 반 정도 걸릴 듯하다. 쿠르마예르가 오늘의 종착지도 아니다. 산길을 통해 해발 수백 미터를 더 올라 베르토네 산장Rifugio Bertone까지 가야 한다.

한동안 느긋한 평지가 이어지며 이른 아침 동네 뒷산을 산책하는 기분에 잠겨들었다. 잠시 후 뒤돌아보면 엘리자베타 산장은 멀리 언덕 위에 근사하게 걸려 있다. 그 뒤로는 여름철 더위에 길게 늘어진 백구의 기다란 혓바닥처럼, 두 개의 빙하가 산장 바로 뒤까지 뻗어내려 와 있다. 왼쪽의 에스텔레트 빙하Glacier d'Estellette와 오른쪽의 리블랑쉬 빙하Glacier de la Lee Blanche, 둘 다 해발 3,816미터의 에귀데 글라시에Aiguille des Glaciers로부터 수천수백 년 동안 자신의 하중에 겨워 서서히 지상을 향해 산비탈을 내려오고 있다.

길 왼쪽으로 콤발 호수Lago di Combal가 나타나 길게 늘어지고

↑ 이탈리아 첫 숙소 엘리자베타 산장의 아침. 르블랑쉬 계곡이 끝나고 베니 계곡이 이어진다

↑ 몬테 파브르 중턱, 베니 계곡을 사이에 두고 몽블랑 정상과 가장 근접한 위치이다

있다. 호수라기보다는 물이 좀 많은 늪지의 모습이다. 군데군데 물이 말라 바닥을 드러내 보이고 있다. 에스텔레트와 리블랑쉬, 두 빙하가 녹으며 내려보내는 물이 양이 충분치 않거나, 요즘의 따사로운 햇살이 호수의 물을 빠른 속도로 공기 중에 날려버리는 모양이다.

호수가 끝나는 지점에 삼거리가 나타났다. 두 팀으로 보이는 일고여덟 명의 트레커들이 한결같이 배낭을 내려놓고 지도를 보거나 뭔가를 논의하고 있다. 금세 상황파악이 되었고 나 또한 그들 옆에 배낭을 내려놓았다. 모두들, 정규코스인 오른쪽 산길로 올라갈지 아니면 우회코스인 평지로 직진할지를 결정하지 못하고 있는 것이다.

케브 레이놀즈의 가이드북은, 비 오고 바람 부는 궂은 날씨에는 정규코스인 산길을 피하고, 베니 계곡 평지를 따라 쿠르마예르까지 가기를 권장하고 있다. 한 시간 전에 산장 출발할 때만 해도 햇살 비쳤던 아침 하늘이 지금은 곧 비를 내리칠 듯 시커먼 구름으로 덮여 있다. 모두를 고민스럽게 만드는 상황인 것이다. 그대로 직진해서 계곡 길 평지를 따라가면 곧 라비자이 마을에 이르고, 거기서 쿠르마예르까지 가는 시골버스를 탈 수도 있고 차도를 따라 계속 걸어갈 수도 있다.

종주가 아닌 일부 구간만 걷는 단체 여행객들은 이 구간에서 버스를 많이 이용하는 모양이다. 정규코스의 산악길이 비바람에 얼마나 위험할지 감이 안 잡히다 보니 모두가 결정을 미루고 망설이는 눈치이다. 나 또한 고민스럽기는 그들과 마찬가지였다. 앞서 간 안 박사는 어느 쪽을 택했는지 궁금했지만 알아볼 방법도 없다. 모두가 하늘을 올려다보다가 지도를 내려다보고 그리곤 서로의 눈치를 살피기를 이십여 분. 이윽고 두 팀 중 한쪽에서 결정을 내린 듯 '오케이, 렛츠 고!'를 외치며 산길로 걸음을 내디딘다. 주변 눈치를 살피던 나 또한 기다렸다는 듯이 반사적으로 배낭을 둘러메고 그들을 뒤따랐다.

몬테 파브르 중턱

잠시 후 뒤돌아보니 트레커들이 모여 웅성거리던 아래쪽 삼거리는 텅 비어 있고, 나머지 한 팀도 어느새 출발했는지 내 뒤를 따라 올라오는 모습이 보인다. 비바람 예고하는 짙은 먹구름이 하늘을 덮고 있었지만, 모두가 라비자이 마을로 가는 평지를 마다하고 정석대로 이 아르프 비에이Arp Vielle 산비탈길로 들어선 것이다. 혹시나 산 위에서 곤란한 일이 생겼을 경우 나를 도와줄 듯직한 응원군들이 내 앞과 뒤로 열 지어 오르고 있다.

뭔가에 대해 결정을 못 내리고 주저하던 사람들이 누군가 한 명의 결단에 용기를 얻어 그를 따르게 된다. 그렇게 앞선 사람을 우리는 리더라 부른다. 내 앞에 여성 네 명을 이끌고 있는 남성 한 명이 오늘 아침 저 삼거리에서의 리더였다. 그가 외친 '렛츠 고' 한 마디에 그의 일행 넷은 물론 나까지 따라나섰고 내 뒤의 여럿도 뒤를 따르고 있다.

잠시 후 산비탈에 다 허물어져 가는 폐가 한 채가 있다. 언제까지인가는, 돌을 쌓은 위에 통나무로 지붕을 이은 안락한 보금자리였겠다. 알프스의 거센 비바람을 견디다 못해 어느 순간 속절없이

↑ 미국인 토니 씨 부부와 제자 3인 일행. 콤발 호수 삼거리에서 몬테 파브로를 오르는 세 개 팀의 선봉이 되었다

쓰러져 갔을 터이다. 누더기처럼 쌓여 있는 돌덩이와 나무토막들 하나하나에 그 누군가의 손때와 한숨이 배어 있는 듯하다. 가이드북은 이곳을 'The ruins of Alpe inferieur de l'Arp Vieille'라고 서술하고 있다. '아르프비에이 고지대의 낮은 쪽 폐가' 쯤으로 해석할 수 있겠다.

산길은 예상보다 경사가 심한 편이었다. 간간히 내리막도 있어 주는 아량이라곤 전혀 보이질 않는다. 가차없는 경사만이 꾸준히 이어진다. 산 위에서의 비바람을 걱정했지만 정오가 가까워지면서 다행스럽게도 하늘은 맑아지기 시작했다. 거센 물살이 넘쳐흐르는 하천을 다시 만났다. 앞서 도착한 이들도 모두, 어제 세이뉴 고개를 오르면서 이런 물살을 건넌 경험이 있어 망설임이 없었다. 한결같이 신발을 벗고 한 사람 한 사람씩 건넌다. 한 시간 가까운 오르막 산길에 열이 오를 대로 오른 발바닥을, 차가운 빙하수가 시원스레 마사지해주는 느낌이 좋았다.

경사가 더 심해진 오르막을 다시 삼십여 분, 견고하게 축조된 조그만 돌집을 지난다. 촘촘하게 끼워진 돌덩이 하나에 노란색 페인트로 TMB 화살표가 새겨져 있다. 오랫동안 방치된 흔적이 역력한 돌집이다. 베니 계곡 건너 군데군데 구름에 가려진 설산들의 자태는, 내가 헉헉거리며 고도를 높여갈수록 점점 더 대담하고 장엄해진다.

정면에 수직으로 거대하게 드리워진 미아지 빙하Glaciers du Miage는 차갑고 가혹한 느낌이다. 윗부분의 빙하와 그 아래 가파른 계곡 사면에 쌓인 회색의 암석 퇴적물들이 극적인 대조를 이룬다. 잠든 거인의 완전히 드러난 나신을, 걸리버의 눈으로 바로 옆에서 지켜볼 때의 두려움과 경외감 같은 느낌이겠다.

곧이어 해발 2,430미터, 오늘의 정상에 이르렀다. 오른쪽 가까이 우뚝 솟은 해발 2,987미터의 몬테 파브르 산의 중턱Monte Favre Spur이다. 여덟 시에 엘리자베타 산장을 출발한 이후 세 시간 동안 계속 바라보며 올라왔지만, 몽블랑과 그가 거느리는 산군들의 위용은 지금 이 위치가 절정이다. 내 앞에 먼저 온 이들과 반대편에서 올라온 이들이 모두 한자리에 멈추어, 한쪽 방향을 향해 감탄을 연발하거나 카메라 셔터를 누르기에 여념들이 없다.

TMB 전 구간 중 몽블랑 정상에 가장 근접한 위치에 자신들이 지금 서 있다는 걸 모두가 실감하고 있는 것이다. 몽블랑의 남벽이 뚜렷하지 않고 하얀 구름 모자를 쓰고 있어 아쉬웠지만, 오히려 신비의 베일에 싸인 듯 보여 더 매혹적이었다. 그 아래 하얀 빙하와 회색의 암벽을 따라 바닥으로 시선을 내리면, 베니 계곡길 Via Val Veni 이 길고 두터운 한 줄 털실처럼 꾸불꾸불 늘어져 있다.

메종 비에유 산장

길은 90도 오른쪽으로 꺾이며 가파른 내리막으로 이어진다. 베니 계곡과 몽블랑을 향하던 시선은 자연스럽게 그 반대편으로 향한다. 기다란 내리막 끝 산자락은 광활한 눈밭이 되어 길을 가로막았고, 그 위로는 일렬로 줄 지어 선 트레커들이 영화 '닥터 지바고' 속 시베리아 열차처럼 설원을 뚫어가고 있다.

멀리서 내려다볼 때는 눈길의 심해보이는 경사 때문에 다소 걱정을 했으나 막상 내려와 내 발로 건너는 동안은 별다른 위험을 느끼지 못했다. 물살이 거센 하천을 건너고 다시 또 한 번의 미끄러운 빙하 자락을 조심조심 지났다.

얼마 후부터 길이 좀 더 푹신해지며 주변 잡초들에 녹색이 점

8월 말에 열리는 TMB 울트라 마라톤을 위해 훈련하는 마라토너들이 수시로 지나간다 →

점 더 짙어진다. 이윽고 멀리 수평선 위로 배의 돛 부분이 먼저 떠오르는 것처럼, 울창한 나무숲이 꼭대기부터 서서히 모습을 드러내기 시작한다. 수목한계선이 저만치인 모양이다. 숲 위로 길게 늘어진 케이블카의 전선 아래를 지나면서, 긴 항해의 여정 후에 잠깐 쉬어갈 항구로 다가서는 기분이 되었다. 안개가 걷히며 항구가 나타나듯, 능선 길이 끝나는 발치 아래에 아담한 평원이 나타났다. 보이는 저 항구에 잠시 정박하는 것이다. 평원 한가운데의 건물 몇 채를 향한 발걸음이 갑자기 가벼워지며 빨라졌다.

엘리자베타 산장 아래의 이정표에는 메종 비에유 산장Rifugio Maison Vieille까지 2시간 55분이라 표시되어 있었지만, 오늘의 나에겐 4시간 30분이 걸렸다. 정상까지의 오르막에서 좀 힘들긴 했지만 내가 특별히 다른 트레커들보다 뒤쳐져 온 것도 아닌데, 시간 차이가 많이 나는 이유를 나는 모르겠다.

메종 비에유 산장이 자리잡은 쉐크루이 고개Col Checrouit는 베니 계곡 건너 에귀 누아르드 푀트레Aig. Noire de Peuterey. 3,773m와 정면의 몽쉐티프Mont Chetif. 2,343m, 두 개의 거산이 북서와 북동 방향으로 육중한 병풍을 쳐주고 있다. 이런 배경이, 남동쪽 쿠르마예르를 향해 확 틔인 전망을 더욱 강조해주는 것이다. 그런 전망 좋은 고개의 한가운데에 메종 비에유 산장이 평화롭게 자리를 잡고 있다.

사방에서 네 개의 가느다란 길이 산장을 중심으로 교차하고 있다. 각 방향에서 모여든 트레커와 관광객들이 노란색 파라솔 아래 탁자에서 점심을 들거나 뭔가를 마시고 있다. 불과 네 시간 전만 해도 하늘 가득한 비구름 때문에 이 루트를 오를까 말까 걱정했었다.

오후 한 시의 알프스 하늘은 화창하게 개어 있다. 앞서 결단한 사람을 뒤따라 이 코스를 정석대로 탄 것이 정말 잘한 결정이라 새삼 여겨지며, 스스로 뿌듯해졌다. 샌드위치와 차 한 잔을 앞에 놓고 메종 비에유 산장 파라솔 아래에서 달콤한 삼십 분을 보냈다.

돌로네 마을

실물처럼 보이는 얼룩무늬 하얀 황소상의 인사를 받으며 산장을 출발하여, 케이블카 역 왼쪽으로 난 내리막길로 들어섰다. 급격한 내리막 저 끝에 알프스 도시 쿠르마예르의 정경이 한눈에 들어온다. 지도와 가이드북에 따르면 메종 비에유 산장에서 쿠르마예르까지의 하산 길은 이 정규코스 외에 두 개가 더 있다.

산장 뒤로 난 숲길을 따라 몬테비앙코 산장Rifugio Monte Bianco, 1,666m을 거쳐 게리슨 성당Notre Dame della Guerison, 1,444m으로 내려오는 길이 그 하나이다. 베니 계곡을 따라 길게 우회하는 루트이므로 완만하지만 시간이 많이 걸릴 것이다. 또 하나는, 산장을 지켜주는 우람한 산, 몽쉐티프 정상까지 400미터를 더 올랐다가 돌로네Dolonne로 하산하는 방식이다. 두 방법 모두, 시간 여유가 많거나 몽블랑과 가장 가까운 위치를 좀 더 즐기고 싶은 경우에 적절한 루트들이겠다. 시간을 절약하고 싶다거나 격한 내리막길로부터 무릎 관절을 보호하고 싶다면 메종 비에유에서 운행하는 지프차를 이용하여 쿠르마예르까지 편하게 내려갈 수도 있다.

1

2

3

투르 드 몽블랑 | 넷째 날

1. 이탈리아에서 처음 만나는 산악마을 돌로네 2. 메종 비에유 산장, 쿠르마예르가 한눈에 내려다보이는 위치다 3. 이탈리아 쿠르마예르 시내 정경은 프랑스 샤모니와 비슷한 분위기이다 4. 몬테 파브르 중턱에서 내려다보이는 베니 계곡 5. 앞사람이 디딘 돌들을 잘 봐두고 따라 디뎌야 안전하다

겨울 시즌에는 이 주변이 온통 스키족들로 북적거릴 것임을 쉽게 예상할 수 있다. 스키 리프트의 케이블들이 머리 위로 길게 늘어져 있고, 아담한 산장Rifugio Le Randonneur 또는 예쁘게 치장한 레스토랑이나 바bar들이 인적 없이 한산한 채 겨울시즌 한 철을 기다리는 듯하다. 케이블카 역 주변과 여기저기에 흩어진 스키장비들은 뜨거운 여름날 다소 낯설고 을씨년스러운 분위기를 연출하고 있다. 거의 수직 가까이 기운 경사로는 계속 지그재그로 이어진 덕에 가파름은 어느 정도 완충이 되지만, 온몸의 땀샘을 벌렁거리게 하는 긴장의 구간이다.

　　내리막 막바지에서 시원한 숲길을 통과하여 돌로네Dolonne 케이블카 역에 도착했다. 산장 출발한 지 한 시간 반 만이다. 넓지 않은 아스팔트길이 고즈넉한 느낌을 주는 곳이다. 인적은 별로 없지만 온통 돌로 지어진 주변의 건물들이 왠지 모를 묵직함과 안정감을 주고 있다. 천천히 이십여 분 지나온 돌로네는 매력적인 시골마을Village이면서 알프스 계곡의 아담한 소도시Town였다.

쿠르마예르

　　타베르니에르 호텔Hotel Tavernier 발코니 앞에서, 소용돌이쳐 흐르는 강물을 바라보며 잠시 멈춰 섰다. 도라발티 강Fiume Dora Bàltea은 짙은 회색의 탁류였고, 주변의 깎아지른 설산에서 급강하해 쏟아진 만큼, 격류였다. 돌로네 쿠르마예르 간 도로Strada Dolonne

Courmayeur를 따라 강을 건너고 잠시 오르막을 지나면 쿠르마예르 버스터미널이다.

TMB를 두세 번으로 나누어 종주하는 유럽인들은 대체로 여기서 버스를 타고 몽블랑 터널을 지나 샤모니나 제네바 등지로 돌아간다. 또는 TMB 일부 구간만 트레킹 하는 단체여행객들이 버스에 오르고 내리는 중간기착지이기도 하다. 쿠르마예르는 아름답고 기품 있는 산악도시였다. 차도에 이어진 골목골목마다 고급스런 카페나 레스토랑 또는 기념품 가게들이 줄지어 섰다. 관광객이건 트레커이건 현지인이건 거리를 오가는 사람들 모습은 한결같이 평화롭고 여유로워 보였다.

즐비한 상가 간판들을 무심코 읽어보다가 지금 내가 이탈리아 땅을 거닐고 있음을 비로소 깨닫는다. 프랑스어와 이탈리아어의 단어 차이는 분별이 어렵지 않다. 실은 어제 오후 세이뉴 고개에서 국경을 넘은 건데, 방금 전까지도 프랑스나 이탈리아에 대한 별다른 의식이 없었다.

상가가 끝나며 커다란 교회 옆 높고 드넓은 광장에 이르렀다. 쿠르마예르 시내가 내려다보이는 아베 헨리 광장Piazza Abbé Henry의 벤치에 배낭을 내려놓고 길게 누웠다. 고도차 1,200미터를 이제야 다 내려왔다는 안도감보다 베르토네 산장까지 다시 800여 미터를 더 올라야 한다는 부담이 컸다. '에라, 모르겠다' 물 젖은 스펀지처럼 온몸은 축 늘어졌고 자동적으로 눈이 감기며 졸음이 밀려들었다.

잠깐 잠이 들었다고 생각하다 퍼뜩 깨어 화들짝 놀라 일어났

↑ 8월에 열리는 UTMB를 위해 훈련하는 마라토너들. 여러 종목이 있지만 주 종목은 TMB 170킬로미터를 46시간 안에 주파하는 것이다

↑ 몬테 파브르 중턱에 이른 트레커들이 미아지 빙하(왼쪽 사진 밖)를 가리키고 있다

다. 벤치 옆에 널브러진 큰 배낭과 작은 배낭이 그대로 그 자리에 있다. 가슴을 쓸어내렸다. 배낭 두 개를 아무렇게나 방치하고 잠이 들었음을, 잠이 깨는 그 순간에 깨달은 것이다. 이탈리아 여행에서는 날치기를 조심하라던 지인들의 충고가 다시금 머리에 떠올랐다.

시간은 오후 네 시, 갈 길은 멀지만 한 시간 이상을 세상모르게 잠들었으니 몸은 한결 개운해졌다. 일정이 넉넉하거나 매일의 숙소를 미리 예약하지 않았더라면 이 포근한 도시 쿠르마예르에서 하룻밤 묵으며 느긋이 보냈으면 좋았을 일이다.

사핑 계곡길

아베 헨리 광장 한 면을 가득 채우며 우뚝 서있는 성 판탈레온 교회Chiesa di San Pantaleone 앞에는 세 개의 흉상이 나란히 서 있다. 샤모니 중앙 광장에 경이로운 모습으로 서 있던 두 사람, 오라스 소쉬르와 자크 발마의 동상이 오버랩되었다. 고산 등정에 대해 어떠한 필요나 의미도 모르던 수백 년 전 시절, 오라스 소쉬르는 자신이 이루지 못한 '몽블랑 4,807미터 정복'에 대한 꿈을 유럽 사람들에게 대신 심어놓았다.

그 후 26년 세월이 흐른 어느 날, 소쉬르의 꿈에 영향받은 자크 발마와 미셸 파카르 두 사람이 드디어 몽블랑 정상에 오르면서 고산 정복이라는 인류의 등반 역사가 시작되었다. 이후 몽블랑을 중심으로 알프스 고산에 대한 도전이 줄을 이었고, '알프스를 오르는 사람'이라는 뜻의 '알피니스트alpinist'는 이후 '등산가'를 뜻하는 일반명사로 자리를 잡아왔다.

이런 추세에 힘입어 이곳 이탈리아의 산간마을 쿠르마예르에서도 걸출한 알피니스트이자 등반 가이드들이 속속 배출되었다. 그들 중에서 특히 당대에 위대했던 세 명의 가이드를 기리는 흉상이 성 판탈레온 교회 옆에 세워져 있다. 쥬세페 페티각스Giuseppe Petigax. 1860~1926, 에밀 레Emile Rey. 1846~1895, 마리오 푸쵸Mario Puchoz. 1918~1954. 특히 에밀 레는 19세기 후반에 가장 위대했던 가이드로 칭송되었다 한다. 그의 흉상 밑에 새겨진 '가이드계의 왕자Prince des Guides'란 수식어가 이곳 쿠르마예르 사람들의 뿌듯한 자부심을 엿보게 해준다.

3인의 조각상 왼쪽으로 빌라이 마을길Strada del Villair이 이어진다. 고급 주택들이 각자 널찍한 공간을 유지하며 길 양편으로 줄 서 있다. 집집마다 깔끔하게 정돈된 정원이 있고 집 주변과 담장 여기저기에 형형색색의 꽃과 화분들이 치장되어 있어, 좁은 아스팔트 길은 감미로운 산책길이 될 수 있었다.

문제는 경사였다. 광장에서 한 시간 잤다고는 하지만 아침부터 400미터를 오르고 1,200미터를 내려온 후 만나는 오후 네 시 반의 오르막은 점차 죽을 맛이 되어갔다. 오르막은 중단 없이 계속되고 길은 비포장으로 바뀌면서 사핑 계곡길Via Val Sapin로 이어진다. 노란색 TMB 표지판을 따라 오르다 잠시 후 본격적인 산속 숲길로 접어들 때쯤에 몸은 이미 녹초가 되어버린다. 4일째 여정에서 가장 힘든 시간이 시작되었다.

↑ TMB에서는 하루에 사계절을 다 만나는 날이 많다. 위 사진처럼 잠깐 겨울이 찾아오기도 하지만, 곧 봄을 만나게 되어 있다

베르토네 산장

　힘들면 쉬어가는 수밖에 다른 방법은 없다. 십 분 오르고 오 분 쉬는 일이 반복되었다. 쥐어짜듯이 땀이 쏟아지지만 울창한 숲길로 들어서고부터는 조금씩 상쾌해졌고 에너지는 소진되기보다 다소 충전되는 느낌도 들었다. 한 시간여 숲길을 올랐을까, 드디어 시야가 트이면서 두 시간 전에 떠나온 쿠르마예르 시내 전체가 한눈에 들어왔다. 첫날 레우슈를 떠나 벨뷔 능선에서 샤모니 계곡을 내려다볼 때와 비슷하게 장엄한 정경이다.

　도시를 수직으로 감싸고 있는 거친 산들 중에서도 해발 2,343미터의 몽쉐티프Mont Chetif는 그 자태가 가히 압권이다. 메종비에유 산장에서 가까이 볼 때는 고만고만한 돌산으로 보였던 것이, 쿠르마예르로 내려와 올려다볼 때는 거대한 기암괴석의 모습으로 변모해 있었다. 해발 2,000미터 가까이 힘겹게 올라와 거의 대등한 높이에서 바라보는 지금은, 가지런히 배열된 이빨들 중 혼자만 툭 튀어나온 송곳니처럼 독특하고 기이한 형상이다.

　'상무님!'

　어느 순간 정겨운 외침이 들려왔다. 오르막 저 멀리 큼직한 바위 앞에 멋들어진 건물 한 채가 비로소 눈에 들어왔다. 발코니 난간에서 안 박사로 보이는 이가 두 손을 흔들며 다시 '이 상무님'을 외치고 있다. '휴~ 이제 살았구나.' 나도 모르게 그 자리에 배낭을 내려놓고 털썩 드러누웠다. 시간은 저녁 일곱 시를 십 분 남겨두고 있었다.

↑ 6월 말이었음에도 해발 2,000미터 이상에서는 이런 빙하 구간이 자주 나타난다.
사진은 미국에서 온 토니 씨 일행들

넷째 날
쿠르마예르와 베르토네 산장

산을 두 번 오르는 코스이다 보니 체력적으로 쉽지 않다. 악천후나 체력 문제가 있을 때는 대중교통을 이용할 수도 있는 유일한 코스이다. 이탈리아 마을과 자연들을 어제까지의 프랑스와 비교해 볼 수도 있다. 메종 비에유 산장에서 돌로네 마을로 내려가는 길은, TMB 전 코스 중 가장 가파른 내리막 구간이다.

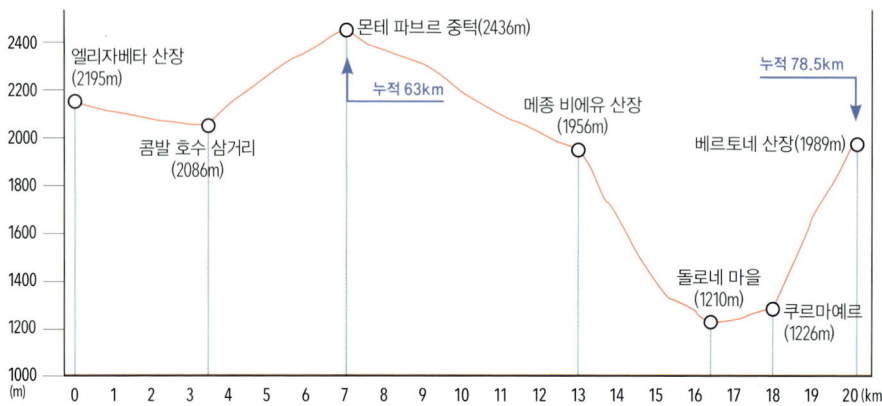

거리 22.5km **최고 고도** 몬테 파브르 중턱 2436m **최저 고도** 쿠르마예르 1226m **소요 시간** 트레킹 8.5시간 + 메종 비에유 산장 휴식 1시간 + 쿠르마예르 휴식 1시간 = 총 10.5시간 **구간별** 엘리자베타 산장(2195m) 3.5km → 콤발 호수 삼거리 (2086m) 3.5km → 몬테 파브르 중턱(2436m) 6km → 메종 비에유 산장(1956m) 3.5km → 돌로네 마을(1210m) 1.5km → 쿠르마예르(1226m) 4.5km → 베르토네 산장(1989m)

📍 경유지 정보

콤발 호수 삼거리 몸에 무리가 온 경우에는 이 구간에 한해 버스를 이용할 수도 있다. 쿠르마예르 가는 버스는 호수 인근 라비아이 마을에 있다.

몬테 파브르 중턱 오르는 과정이 힘들지만, 정상에 오른 순간 빙하와 몽블랑 남벽이 눈앞에 있다. 최고의 경관을 만난다.

메종 비에유 산장 이탈리아 산악도시 쿠르마예르가 처음 내려다보이는 근사한 위치다.

돌로네 마을 메종 비에유에서 이곳까지는 TMB 전 구간 중 가장 가파른 내리막 구간이다. 스키 슬로프와 곤돌라 케이블을 따라 지그재그길을 내려간 후 돌로네 마을로 내려선다.

쿠르마예르 TMB 전 코스 통틀어 가장 규모가 큰 산악도시이다. 하룻저녁 묵어가는 것이 좋다.

사핑 계곡길 쿠르마예르를 벗어나면서 베르토네 산장으로 오르기 전에 잠시 지나는 길이다. 경사가 가파르고 다소 힘든 구간이다.

📍 길찾기 유의사항

쿠르마예르에서 산악구간 입구를 찾는 데에 약간의 애로가 있을 수 있다. 버스터미널을 지나 아베 헨리 광장을 찾아 올라가면 된다. 광장 교회 건물 앞에 3명의 인물 동상이 세워져 있고, 그 옆에 TMB 이정표가 있다. 골목 차도를 따라 올라가다 본격적으로 산길로 올라가는 입구를 지나칠 수도 있다. 이정표 를 놓치지 말자.

📍 숙박 시설

베니 계곡

콤발 산장 Cabane du Combal
전화번호 +39(0) 339 693 8817(겨울)
+39(0) 165 175 6421(여름) **영업 시기** 6~9월
이메일 cabaneducombal@gmail.com
홈페이지 www.cabaneducombal.com

몬테비앙코 산장 Rifugio Monte Bianco
전화번호 +39(0) 165 869 097 **영업 시기** 12~4월, 6~9월 **이메일** info@rifugiomontebianco.com

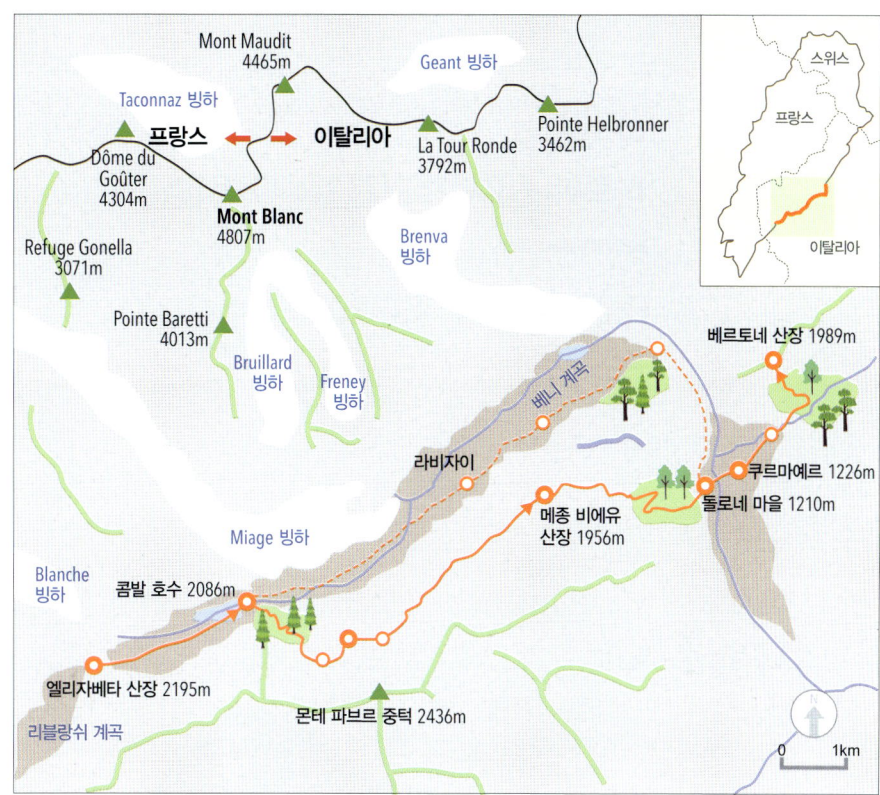

홈페이지 www.rifugiomontebianco.com

셰크루이 고개

메종 비에유 산장 Rifugio Maison Vieille

전화번호 +39(0) 337 230 979 영업 시기 6월 중순
~9월 말 이메일 info@maisonvieille.com
홈페이지 www.maisonvieille.com

르랑도뇌르 산장 Rifugio Le Randonneur

전화번호 +39(0) 349 536 8898 영업 시기 6월 중
순~9월 중순 이메일 info@randonneurmb.com
홈페이지 www.randonneurmb.com

쿠르마예르

인포메이션 센터

이메일 courmayeur@turismo.vda.it
홈페이지 www.lovevda.it

스비제로 호텔 Hotel Svizzero

전화번호 +39(0) 165 848 170
이메일 info@hotelsvizzero.com
홈페이지 www.hotelsvizzero.com

에델바이스 호텔 Hotel Edelweiss

전화번호 +39(0) 165 841 590
이메일 info@albergoedelweiss.it

퍼니비아 호텔 Hotel Funivia

전화번호 +39(0) 016 554 7436
이메일 infonet@hotelfunivia.com
홈페이지 www.hotelfunivia.com

베네치아 호텔 Hotel Venezia

전화번호 +39(0) 165 842 461

몽데라삭스

베르토네 산장 Rifugio Giorgio Bertone

전화번호 +39(0) 347 032 5785
영업 시기 7월 중순~9월 말
이메일 infp@rifugiobertone.com
홈페이지 www.rifugiobertone.it

📍 식사

메종 비에유 산장에서 이른 점심 또는 간단한 요기를 하고 쿠르마예르 시내에서 점심을 충분히 먹는 게 좋다. 베르토네 산장까지 오르막 구간이 힘들기 때문이다.

다섯째 날,
아르미나 골짜기 거쳐 엘레나 산장

거인의 이빨과 그랑드조라스

어제 안 박사는 나와 다른 길을 걸어왔다고 한다. 메종 비에 유 산장 경유하는 산길을 포기하고 베니 계곡 평지로 우회한 것이다. 나보다 삼십 분 일찍 출발한 그는, 비 올 경우에는 산길로 오르지 말고 계곡길로 우회하라는 가이드북의 명령을 충실히 따른 셈이다. 나도 당연히 같은 길로 오리라고 믿었는데 두 시간 이상 늦어지니 걱정을 꽤 많이 한 모양이다. 각자 걸어온 다른 길에 대하여 서로의 차이점을 비교해보며 얘기할 것들도 많았다.

이틀 전 엘리자베타 산장 5인용 침상은 비좁은 공간이라 꽤 답답했지만, 이곳 베르토네의 침상은 군대 내무반 같은 널찍한 공간이라 좋았다. 게다가 침대 방 문턱만 건너면 곧바로 전망 좋은 발코니다. 곳곳에 널려 있는 탁자와 안락의자 어디에 앉아도 산장을 둘러싼 절경에 두 눈이 황홀해진다. 숙소에서 제공되는 샤워 코인도 스릴 있었다. 온수가 나오는 딱 삼 분 안에 후다닥 샤워를 마쳤어야 했으나 잠깐 방심하는 바람에 찬물로 머리를 헹궈야 했다.

저녁 여덟 시부터 시작된 저녁식사 자리에는 이십여 명의 투숙객들이 전부 한자리에 모였다. 절반 정도 됨직한 이탈리아 사람들이 특유의 쾌활함으로 전체 분위기를 유쾌하게 이끌었다. 6인실 탁자인 우리 자리에는 네 명의 이탈리아인들이 합석했는데, 안 박사의 유창한 영어 솜씨로 분위기가 고조되었다.

안 박사가 식탁에 늘어놓은 진미오징어포가 그들 입맛에 맞았는지 인기가 높았다. 실내에 유일한 동양인 둘이 주목을 받은 건지 옆자리 여기저기에서도 오징어포를 요청하는 소리가 나왔다. 안 박사가 방으로 돌아가서 아껴두었던 오징어포 두 봉지 전부를 배낭에서 가져와 옆자리 세 군데에 골고루 풀었다. 한 자리에서 시작된 박수가 식당 전체로 이어졌다.

같은 길을 걸어와 한 숙소에 묵는 트레커들 모두로부터 박수와 환호를 받아보는 경험도 짜릿한 것이었다. 삼일치 오징어포는 아깝게도 모두 소진되어버렸지만, 안 박사 배낭에는 북엇국 수프나 견과류 등 국내에서 준비해 간 먹거리가 여전히 많이 남아 있다. 노련한 후배와 동행한 덕택에, 혼자 여행할 때 소홀히 했던 우리 먹거리를 즐기는 호사도 누리고, 서양인 트레커들로부터 박수갈채를 받는 영광도 함께 누리고 있다.

엊저녁 식사자리의 유쾌함이 아침까지 남아 몸과 마음을 가뿐하게 해준다. 배낭을 정리하고 신발을 신고 주변 산들을 둘러보는, 낯익은 트레커들 면면에는 이 아침에 베르토네를 떠나야 한다는 아쉬움이 진하게 배어 있다. 산장 2층 식당으로 올라가는 계단 옆에

↑ 베르토네 산장 발코니의 아침

는, 산장 이름을 새긴 팻말이 그 유래를 함께 알려주듯 걸려 있다. 'Refugio Alpino G. Bertone'. '베르토네 산장'이라고 불리는 이곳의 정확한 이름은 '산악인 조르지오 베르토네Giorgio Bertone를 기리는 산장'인 것이다.

베르토네는, 하프돔과 함께 요세미티의 양대 거봉 중 하나인 엘 카피탄El Capitan의 노스 코스The Nose 남동벽을 오른 최초의 이탈리아인이다. 1977년 그는 몽블랑 뒤 타퀴Mont Blanc du Tacul 정상 주변에서 비행기 사고로 사망했다. 엘 카피탄을 함께 올랐고 그와 수많은 산악모험을 같이 한 친구 로렌지노 코숀Lorenzino Cosson이 그와의 우정을 기리며 1982년 이 산장을 지었다. 불운 속에 세상을 떠난 영웅의 이름은 그렇게 해발 1,989미터 산장에 남겨져, 이곳을 지나는 트레커들에게 얼굴 모르는 그를 기억시킨다.

베르토네 언덕

마지막으로 내려다보는 해발 700미터 아래의 쿠르마예르는 어제 오후 느꼈던 장엄함과는 달리 좁은 소쿠리에 담긴 장난감들처럼 아기자기한 자태를 보이고 있다. 띄엄띄엄 출발하는 트레커들을 따라 산장 왼쪽으로 난 길을 올라가면 해발 2,050미터 언덕에 이른다. 설산에 둘러싸인 평원이 펼쳐졌고, 대여섯 명의 트레커들이 설산을 올려다보며 감탄하고 있다.

눈앞에 우뚝 선 몽블랑은 아침햇살을 받아 찬란한 자태로 하얀 빛을 반사하는 중이다. 봉우리 밑에 드리운 흰 구름 두 점이 산세에 붙들린 채 떠나지 못하고 있다. 몽블랑은 그 옆으로 낮게 늘어선 에귀 누아르Aiguille Noire의 뾰족함과 날카로움에 대비되면서 한껏 더 둥그스름해 보인다. 무엇이든 받아들이고 누구든 포용할 듯 한없이 넉넉한 자태이다.

어제 산장을 오르면서 압권으로 비쳤던 몽쉐티프Mont Chetif는 이 언덕에서는 몽블랑이라는 거대 설산 옆에 조그맣게 세워진 삼각형 장난감에 불과하다. 바로 옆 이탈리아인들의 대화 속에서 '몬테비앙코Monte Bianco'라는 단어가 들린다. 처음 듣는 몽블랑Mont Blanc의 이탈리아식 발음에 다소 이질감이 느껴졌다. 하지만 다시 올려다봐도 '비앙코'든 '블랑'이든 역시 '하얀 산' 그대로임에는 틀림없다.

오늘 목적지인 엘레나 산장Refugio Elena은 스위스로 넘어가기 직전의 페레 고개Grand Col Ferret 기슭에 위치해 있다. 베르토네 언덕 삼거리에서는, 앞으로 가로질러 가는 정규코스 외에도 우측으로 빠지는 대체코스가 있음을, 노란색 TMB 이정표를 통해서 알 수 있다.

삭스 언덕Mont de la Saxe을 지나 트롱쉬 고개Tete de la Tronche. 2,584m와 사팽 고개Col Sapin. 2,436m 그리고 앙트르되소 고개Pas Entre Deux Sauts. 2,524m를 연달아 넘어 말라트라 계곡Vallon de Malatra을 따라 보나티 산장Refugio Bonati. 2,025m 산장으로 내려오는 루트이다. 어제 베르토네 산장으로 오르기 전 잠시 지났던 사팽 계곡Val Sapin으로 올랐다면 같은 코스를 탈 수 있었다. 허나 케브 레이놀즈의 가이드북은 이 구간에서는, 세 개나 되는 높은 고개를 넘는 우회로보다는 삭스 언덕의 능선길을 따르는 보다 편한 길을 정규코스로 명하고 있다.

그 이유가 있을 것이다. 몽블랑 산군을 가르는 계곡 길도 한번

몽데라삭스의 능선을 따라 보나티 산장으로 가는 길이다. 이탈리아인 데니스 씨와 그의 친구

쯤은 걸어주는 게 몽블랑에 대한 예의가 아니겠느냐, 라는 게 한 가지 이유일 수 있겠다. 어제 베니 계곡Val veni을 멀리 했으니, 이어지는 페레 계곡Val Ferret을 오늘은 몇 시간이라도 만나보는 게 좋겠다는 것이다. 두 번째 이유로 추측해볼 수 있는 건, 어제 몽블랑 정상과 가장 가까운 해발 2,430미터 고도에서 충분히 눈을 호강시켰으니 그만 하면 되었다는 것이리라. 오늘까지도 고개 세 개를 연이어 넘는 강행군까지 하면서 다시 눈을 호강시킬 필요까지는 없을 거라는 점이겠다. 인제야 TMB 종주의 겨우 절반에 가까워진 것이다. 앞으로도 갈 길이 멀고 험한데, 에너지를 너무 일찍 다 소진시켜선 곤란하겠다는 것이 케브 레이놀즈의 배려 아닐까?

아르미나 골짜기

　몽데라삭스의 정상까지 오르지 말고 둘레길 능선을 따라 편안하게 즐기며 가라는 가이드북 지침 덕에 아침 발걸음은 한결 가뿐해졌다. 해발 백여 미터를 오르고 내리고를 반복하다가 마지막 구간에서 엘레나 산장을 향해 삼백여 미터만 더 오르면 되는, 지금까지 중 가장 부담 없는 5일째이다. 완만한 능선을 조금 내려가니 베니 계곡의 깊은 바닥이 멀지만 완전히 드러나 보였다. 그만큼 왼쪽 능선으로 사면이 가팔라진 것이다. 발을 헛디뎌 한번 넘어지기라도 하면 계곡 아래까지 단숨에 굴러 떨어질 위치이다.
　프랑스 땅 샤모니에서 알프스 밑을 뚫고 12킬로미터를 달려와 이탈리아 땅으로 막 접어든 몽블랑 터널Tunnel du Mont-Blanc의 출구도 드러났다. 산 너머로 프랑스의 리옹 등 여러 지역과 스위스의 제네바까지 연결된 도로이다. 남쪽으로 밀라노, 피렌체, 로마까지 갈 수 있으면서 프랑스와 이탈리아 간 거리를 200킬로미터나 단축시켰다는 터널이다. 출구를 들어가고 나오는 차량들이 마치 뭔가를 물고 종종걸음으로 열 지어 움직이는 개미들의 행렬과 흡사하다.

오른쪽으로는 페레 계곡Val Ferret이 시작되고 왼쪽 뒤로는, 어제 하루 동안 친해진 베니 계곡Val Veni이 조금씩 멀어지고 있다. 아쉬움에 잠시 배낭을 내려놓고 시야를 넓혀보면 베니 계곡 끝으로 세이뉴 고개도 눈에 들어온다. 저 고개를 넘어 프랑스 땅과 작별하던 그저께 오후의 몇 시간이 오래전 추억처럼 아스라해졌다.

눈앞에 가장 가까이 서 있는 에귀 누아르드 푀트레Aiguille Noire de Peuterey는 이름 그대로 '검은Noire 산'의 자태가 돋보인다. 만년설을 뒤집어쓰고 그 뒤에 높이 솟아 있는 '흰Blanc 산' 몽블랑과 극적으로 대비된다.

베르토네 산장을 출발한 지 한 시간, 오래된 나무 팻말이 서 있는 삼거리에 이르렀다. 직진 방향으로 난 야트막한 내리막에 오래전 허물어진 가옥의 잔해들이 폭격 맞은 전장의 폐허처럼 널브러져 있다. '아뢰셰 쉬브A Leuchey Sup. 1,938미터', 팻말에 쓰인 이정표는 폐허 쪽이 아닌 오른쪽 언덕으로 길을 안내하고 있다. 완만한 목초지를 지나 다시 30분, 우리의 길은 '아레쉬A Leche. 1,929미터'라는 표지의 인공물을 지난다. 소나 양들을 이 주변에 방목하면서 이용했을 법한 기다란 축사의 모습이다.

꼬불꼬불 오르막이 시작되고 키 큰 나무들 숲을 따라 다시 삼십 분, 언덕 마지막 턱에 올라서는 순간 큼직한 빙하천이 눈 아래 나타났다. 큼직한 물줄기가 새하얀 포말과 함께 무자비하게 내리꽂히는 아르미나 골짜기Vallon d'Armina이다. 그 바로 아래 알프 아르미나즈Alp Arminaz. 2,033m의 산간 가옥 몇 채가 촘촘히 붙어 있다.

먼저 온 두 명의 트레커가 하천 주변에서 나무다리와 가옥들을 향해 열심히 카메라 셔터를 누르고 있다. 그 다리를 쉽사리 건너기가 몹시 아쉬운 눈치들이다.

"헬로우 미스터 리! 우리 사진 한 장 찍어줄 수 있겠나?"

다가가 보니 간밤 베르토네 산장에서 같은 식탁에 앉았던 데니스 씨와 그의 친구다.

"물론이다. 여러 장 찍어주마."

그들이 내미는 카메라를 받아 다리와 배경 설산이 잘 대비되도록 여러 구도로 사진을 찍어줬다. 돌려받은 카메라로 사진 확인을 한 둘이 만족해하는 모습을 뒤로 하고 내가 먼저 다리를 건넜다.

보나티 산장

드넓은 초원에 흐드러지게 피어난 노란 들꽃들에 잠시 눈길을 빼앗기다 뒤돌아보면 몽블랑은 조금 더 뒤로 물러서 있다. 대신

← 베니 계곡을 사이에 두고 거인의 이빨이라는 당뒤제앙과 그랑드조라스와 가장 가까워진 위치이다

에 그랑드조라스Grandes Jorasses의 날카로운 첨봉들이 손에 잡힐 듯 눈앞에 가까워졌다. 주봉인 워커 봉Pointe Walker. 4,208m이 우뚝 솟은 바로 옆으로 윔퍼Whymper. 4,196m 봉 등 여러 동생 봉들이 다소 낮은 자세로 줄지어 섰다.

지도상으로 TMB 루트 중 그랑드조라스에 가장 가까이 다가선 위치에 이르러 다시 삼거리를 만난다. 그리곤 오른쪽 능선 위에 모습을 드러낸 육중한 지붕들 몇 개, 바로 보나티 산장이다. 직선으로 내려가도 페레 계곡을 따라 엘레나 산장에 도달할 수 있으나, 가이드북은 보나티 산장을 경유하는 산길을 더 오르도록 인도하고 있다.

노란 들꽃이 무성한 풀밭 사이 오솔길을, 거친 숨 몰아쉬며 오르고 나서 이윽고 산장 입구에 이르렀다.

'환영합니다'

오랜만에 읽어보는 우리 말 글자이다. 산장 입구에 세계 여러 나라의 환영인사를 써놓은 판넬이 발걸음을 멈추게 한다. 영어 '웰컴'과 일본어 '요오코소', 중국어 '환영' 외에는 모두 생소했지만 언젠가 한번쯤은 보았을 것 같은 친근감을 주는 단어들이다. 가운데 위치에 큼지막하게 쓰인 글씨가 이탈리아 인사말일 터, 몇 번 반복해서 발음해본다. '벤베누토benvenuto', 내일 아침 이탈리아를 벗어나기 전에 두어 번은 써먹어봐야겠다.

열 개쯤 되는 야외 탁자들 절반 정도에 끼리끼리의 트레커들이 정겹게 모여 앉아, 정오가 가까워진 한낮의 햇살을 즐기고 있다. "하이~" 오른쪽 구석 탁자에 둘러앉은 다섯 명 일행 중 둘이 손을 들어 나를 환영해준다. 간밤 베르토네에서 안 박사로부터 오징어포를 배포받은 옆자리 일행들이었다. '땡큐~ 땡큐'라고 얼떨결에 나온 나의 화답이 썰렁한 느낌이라 한 마디를 덧붙여주었다.

"벤베누토!"

스위스에서 온 그들도 알아듣고는 즉시 화답이 왔다.

"벤베누토! 벤베누토!",

부지런한 안 박사는 얼마나 일찍 도착했는지 돗자리까지 펴고 그 옆에서 버너에 물을 끓이고 있다.

"상무님, 라면 두 개와 햇반 하나 꺼내서요. 배고파요."

안 박사 옆에 놓인 깻잎 통조림 한 캔이 위액을 자극했는지 갑자기 허기가 느껴진다. 뱃속에서 꼬르륵 신호를 보내온다.

보나티는 지금까지 TMB에서 만난 산장 중 가장 규모가 크며, 럭셔리함과 우직함을 함께 갖춘 산장이다. 멀리 세이뉴 고개부터 베니 계곡을 따라 이어진 몽블랑 산군은 페레 계곡 앞에서 그랑드조라스로 연결된다. 그랑드조라스의 거대한 남벽들을 정면으로 마주하는 위치에 보나티 산장은 보란 듯이 떠억 버티고 섰다. 모녀로 보이는 두 명의 여성이 빙하와 거대 암벽을 향해 앉아 골몰히 독서에 열중하고 있다. 핫팬티 차림의 여성 한 명이 풀밭에 벌렁 누워 한낮의 햇살을 정면으로 받고 있다. 이곳이 알프스 몽블랑이라기보다는 이름 모를 어느 낙원에 와 있다는 착각을 불러일으키는 장면들이다.

햇반과 라면과 깻잎으로 정성껏 차린 안 박사의 식단에 젓가락 하나 얹어, 푸짐한 한식으로 배를 채웠고 우린 다시 배낭을 둘러멨다. 안 박사를 먼저 보내고 나는 잠시 산장 실내로 발길을 돌려보았다. 벽을 장식한 수많은 흑백사진들에 눈길이 꽂혔다. 사진 속 산악인 한 인물의 외모가 체 게바라를 연상시키듯 수려하여 인상적이었다.

2차 대전이 끝나고 세계가 새로운 질서로 재편되던 1953년 5월, 세상은 깜짝 놀랐다. 세계 최고봉 에베레스트에 인간이 최초로 올라섰다는 뉴스 때문이었다. 원정대를 보낸 영국과 인류 최초의 산악 영웅을 배출한 뉴질랜드는 축제 분위기였으나, '세계 최초'라는 경쟁에 밀린 스위스 등 다른 유럽 국가들은 허탈감에 빠져들었다.

이듬해인 1954년 7월에 사람들은 다시 한 번 놀랐다. 세계 두 번째의 고봉 K2도 드디어 정복되었다는 소식이었다. 2차 대전의 전범 국가로 숨죽여 있던 이탈리아가 이룬 쾌거라는 사실도 극적이었다.

K2 정복의 영웅 두 사람은 대한민국 IMF 때의 박세리처럼 온 이탈리아의 국민영웅이 되었다. 그러나 당시의 원정대원들 중 23세 최연소의 한 청년은 선발대의 정상 정복을 그르칠 뻔 했다는 '잘못된' 오해와 비난 속에 울분의 나날을 보내야 했다. 이후 그는 오랜 세월에 걸쳐 현대 등반 역사에 큰 족적을 남기면서 세계적 알피니스트로 자리매김했다.

반세기가 지난 2006년이 되어서야 K2 정복 당시의 비화가 새롭게 밝혀지면서 그에게 씌어졌던 멍에도 오해였음이 밝혀졌다. 이후 월터 보나티Walter Bonatti는 만인이 인정하는 위대한 등반가로 행복한 말년을 살다 2011년 82세 나이로 세상을 떠났다. 그의 위대함을 존경하는 후배 산악인들이 해발 2,025미터 이곳에 그의 이름을 딴 산장을 이렇게 멋지게 지어놓았다. 이곳의 정식 명칭은 그냥 '보

↑ 몽데라삭스 능선 길을 걷는 5일차가 통틀어 가장 쉽고 편한 코스였다

1

2

1. 베르토네 산장에서 보내는 즐거운 저녁식사 시간 2. 베르토네 언덕에서 바라보이는 몽블랑 남벽 3. 위대한 산악인 월터 보나티를 기리며 지어진 보나티 산장 4. 아이들이 마주 다가오면서 '벤베누토'라고 인사한다 5. 아이젠 없이는 위험한, 가파른 경사 구간들을 자주 만난다

3

4

5

나티 산장'이 아니라, '알피니스트 월터 보나티를 기리는 산장Rifugio Alpino Walter Bonatti'이다.

아르누바

산장 뒤로 난 언덕길로 올라서면 잠시 후 노란색 이정표가 서 있는 삼거리이다. 언덕 중턱에 지붕이 반쯤 뚫린 폐건물이 방치돼 있어 을씨년스럽다. 앙트르되소 고개Pas Entre Deux Sauts와 사펭 고개Col Sapin로 올라가는 우측 길 대신에 완만한 왼쪽 길로 들어선다. 거센 물소리와 함께 말라트라 골짜기Vallon de Malatra가 나타났다. 쇠와 목재의 다리가 워낙 견고해 보여서, 골짜기 아래로 몰아치는 빙하천의 급류 따위는 전혀 위협적이지 못하다.

다시, 지붕이 거의 허물어진 폐건물 세 채가 나타났다. 능선을 따라 멀리서 지붕부터 모습을 드러냈던 폐가이다. 크고 작은 돌로 정교하게 축대를 쌓고 그 위에 목재와 양철로 지붕을 엮어 비를 막게 한 후, 다시 그 위에 얇고 넙적한 돌조각들을 가지런히 얹었다. 흉포한 산악기후에도 끄떡없도록 지어졌을 것이다. 그러나 해발 2,000미터 알프스에서의 거센 비와 바람에는 속수무책이었나 보다. 그랑드조라스와 정면으로 대면한 이 멋진 곳에서 언젠가 한 가족이 함께 누렸을 행복한 시간들을 생각해본다. 지붕이 날아가고 축대가 무너지던 날 새벽, 그들 가족들이 몰아쉬었을 한숨소리가 들리는 듯하다.

갈색과 검정과 흰 무늬의 수십 마리 소떼가 능선 초원에서 한가로이 풀을 뜯고 있다. 평화로운 그 정경에 시선을 빼앗기기도 하고, 소풍 나온 수십 명 학생들이 재잘거리며 지나는 데에 길을 비켜주기도 한다.

"헬로우~ 내가 당신 둘, 사진 찍어 드릴까?"

아직까지 녹지 못한 눈이 잔뜩 쌓인 골짜기에서, 젊은 여성 둘이 서로 돌아가며 사진을 찍어주고 있다.

"오케이, 그래 줄래? 고마워라."

눈밭 옆에 잠시 배낭을 내려놓고, 건네받은 카메라로 좀 더 멋진 구도 안에 둘의 모습을 서너 장 넣어줬다.

프랑스 인 마리Marie와 이탈리아 사람 파올라Paola, 20대 때 세계일주 여행을 하던 중에 남미대륙 꼭짓점 아래인 칠레령 혼 곶 Cape Horn에서 만나 친구가 되었단다. 산과 바다와 자연을 즐기는 둘, 최근 몇 년 동안은 쿠르마예르에서 주기적으로 만나, 알프스 주변을 삼사일 트레킹하곤 헤어진다는 것이다. 이탈리아와 프랑스를 연결하는 저 계곡 아래 몽블랑 터널이 이들 둘의 우정을 더 돈독하게 지속해주는 모양이다.

보나티 산장을 떠난 지 한 시간 반, 개울물이 흐르고 외딴 가옥 두 채가 서 있는 삼거리에서 왼쪽 거의 유턴으로 이어진 급경사 길을 따라 내려왔다. 페레 계곡 바닥까지 하산하는 데는 삼십 분이 걸렸다. 해발 1,780미터의 아담한 마을 아르누바Arnouva가 계곡 바닥이다. 넓은 주차장에 차량들이 들어차 있고 잔디 위에는 야외식

↑ 이탈리아 구간의 마지막 밤을 보낼 엘레나 산장. 프레드바르 빙하가 마주 보이는 위치다

탁과 파라솔이 즐비하다. 무언가 먹고 마시는 사람들, 일광욕을 즐기는 사람들, 잔디 위를 즐겁게 뛰노는 아이들. TMB 첫날 레콘타민에서 본 이후 산속으로 들어와서는 처음 만나는 정경이다.

  울긋불긋 형형색색의 꽃과 화분들이 즐비한 샬레 발 페레Chalet Val Ferret 카페가 반가웠다. 잔디가 푹신한 파라솔 밑에 배낭 내려놓고 앉아 콜라 한 잔씩을 주문했다. 안 박사나 나나 누구 먼저랄 것도 없이 스르르 눈을 감는다. 오후 세 시 정각, 베르토네 산장을 출발한 지 여섯 시간 반 만에 느긋한 휴식을 즐길 시간이다.

엘레나 산장

이곳 아르누바는 페레 계곡으로 차를 몰고 온 사람들이 들어올 수 있는 막다른 위치이다. 때문에, 프랑스 샤모니에서 몽블랑 터널을 지나오거나 남쪽 쿠르마예르에서 올라온 사람들이 이곳에 차량을 세워두고 당일치기로 인근 산악 주변을 즐기다 돌아가기에 적합한 곳이다.

삼십 분간의 달콤한 휴식을 즐긴 후 마지막 길을 나섰다. 우리 앞에는 엘레나 산장까지 가는 길이 두 개가 놓여 있다. 카페 앞으로 나 있는 완만한 비포장도로를 따라 서서히 올라가는, 좀 더 손쉽고 편한 길이 있었지만 우리는 정석을 택했다. 가이드북의 정규코스는 그 길이 아닌, 오르막 내리막이 반복되는 산길이다. 고작 300여 미터를 더 올라가는 것이었지만, 아침부터 일곱 시간 산길을 걸어온 우리에겐 꽤나 힘이 부쳤다.

매일 그랬듯 하루를 끝내는 마지막 오르막은 늘 고난의 길이다. 산길 주변에 펼쳐진 경관을 감상하기엔 이미 힘과 여유를 잃었다. 가파른 오르막과 내리막을 몇 번 반복해 지나고, 꽤 위태로워 보이는 빙하와 물살 거센 빙하천의 다리를 건너며 한 시간, 드디어 엘레나 산장Rifugio Elena에 이르렀다. 오후 네 시 반이다. 산장 앞 발코니에 배낭을 내려놓고 주변을 둘러보는 순간, 온몸을 누르던 피로감은 한 순간에 사라졌다. 해발 2,062미터의 이 멋진 공간에서, 꿈나라로 들 때까지 무려 다섯 시간 이상의 여유와 행복이 우리 앞에 기다리고 있다.

> **다섯째 날**
> 아르미나 골짜기 거쳐 엘레나 산장

능선을 따라 걷는 편안한 코스이다. 마지막에 고도 300m를 올리는 외에는 쉽고 완만한 편이다. 이 능선길 외에도 삭스 언덕Mont de la Saxe을 지나 사핑 고개Col Sapin, 2,436m등 세 개의 고개를 넘어 보나티 산장에 이르는 대체 코스도 있다. 해발 500m를 더 올랐다 내려오므로 충분한 체력이 필요하다.

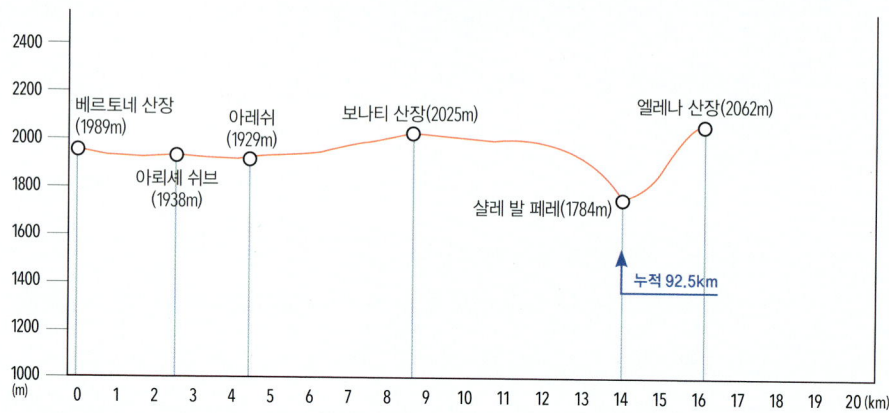

거리 16km **최고 고도** 엘레나 산장 2062m **최저 고도** 페레 계곡 산장 1784m **소요 시간** 트레킹 7시간 + 보나티 산장 점심 1시간 = 총 8시간 **구간별** 베르토네 산장(1989m) 2.5km → 아뢰셰 쉬브(1938m) 2km → 아레쉬(1929m) 4km → 보나티 산장(2025m) 5.5km → 살레 발 페레(1784m) 2km → 엘레나 산장(2062m)

📍 경유지 정보

베르토네 산장 쿠르마예르에서 고도 800m 가까이를 오르고 만나는 산장이다. 산장으로 가는 산길은 그동안 나흘 여정 중 가장 힘들게 느껴지는 구간이다. 산장은 삭스 언덕 아래 경관이 아주 좋은 위치에 자리하고 있다. 군대 내무반 같은 널찍한 다인실이 숙소이다. 체크인 하면 샤워용 코인을 하나 준다. 3분간만 온수가 나온다. 트레커들이 한자리에 모이는 저녁식사 자리를 즐거운 파티처럼 만들어준다. 종업원들이 모두 가족이라서 몹시 정겨운 분위기이다. 일몰시 발코니 벤치에 누우면 몽블랑에 부딪히는 저녁놀이 근사하다.

베르토네 언덕 삼거리 산장에서 10분 거리의, 산장 바로 위에 있는 언덕이다. 몽블랑의 둥그스름한 봉우리가 그 옆에 늘어선 에귀 느와르의 뾰족함과 잘 대비되는 위치이다. 중간 기점인 보나티 산장까지 가는 길은, 사핑 고개를 힘들게 넘어가는 길과 삭스 언덕 능선을 따라가는 편한 길, 두 갈래로 나뉜다.

아르미나 골짜기 편한 능선길을 두 시간 가까이 걷다가 만나는 계곡이다. 도중에, 샤모니부터 이어진 12km의 몽블랑 터널을 볼 수 있다. 터널에서 나오는 자동차들이 개미처럼 내려다보인다.

보나티 산장 위대한 등반가 월터 보나티를 기리며 세워진 산장이다. 페레 계곡을 사이에 두고 TMB 루트 중 그랑드조라스에 가장 가까운 위치에 자리하고 있다. 입구 팻말에서 '환영합니다'란 우리 말을 볼 수 있다. 지나오면서 만났던 산장들 중 가장 럭셔리하고 규모도 컸다.

아르누바 거센 물살의 말라트라 골짜기를 지나 보나티 선장을 떠난 지 한 시간 후이면 왼쪽으로 거의 유턴하는 내리막길로 들어선다. 30분 동안 가

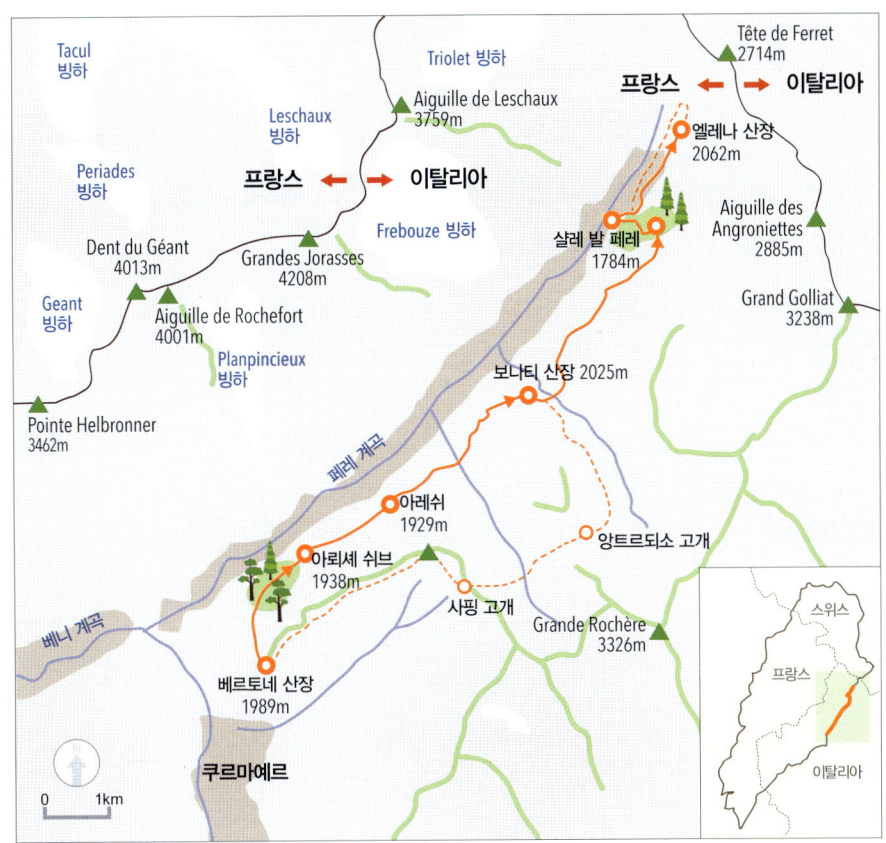

파르게 산을 내려오면 페레 계곡 바닥에 있는 아르누바 마을로 내려선다. 자동차로 들를 수 있는 마지막 마을이다. 이곳에 있는 샬레 발 페레의 야외 카페가 근사하다. 잠시 들러 차나 음료수 한 잔 하고 가는 게 좋다.

📍 길찾기 유의사항

'아뢰셰 쉬브A Leuchey Sub'와 '아레쉬A Leche' 팻말을 잘 확인하는 게 좋다. 이 지점에서 무심코 지나다가 길을 잘못 들 수도 있다.

📍 숙박 시설

페레 계곡

라바셰 호텔 Hotel Lavachey
전화번호 +39(0) 165 869 723 **영업 시기** 6~9월
이메일 info@lavachey.com
홈페이지 www.lavachey.com

보나티 산장 Rifugio Bonatti
전화번호 +39(0) 165 182 7229 **영업 시기** 5~9월
이메일 info@rifugiobonatti.com
홈페이지 www.rifugiobonatti.it

페레 계곡 산장 Chalet Val Ferret
전화번호 +39(0) 165 844 959 **영업 시기** 6~9월
이메일 info@chaletvalferret.com
홈페이지 www.chaletvalferret.com

엘레나 산장 Rifugio Elena
전화번호 +39(0) 165 844 688 **영업 시기** 6~9월
이메일 rifugioelena@virgilio.it
홈페이지 www.rifugioelena.it

📍 식사

보나티 산장에서 점심을 사 먹거나, 버너로 조리해 먹을 수 있다. 늦은 점심이라면 샬레 발 페레Chalet Val Ferret에서도 가능하다.

여섯째 날,
이탈리아에서 스위스로, 페레 고개

산에서 마주한 최초의 두려움

"콜라? 아니면 맥주?"

"난 맥주 마실래."

며칠 만에 다시 만난 프랑스 군인 폴이 카페로 들어가서 생맥주 두 잔을 들고 왔다. 이탈리아로 넘어오기 직전, 모테 산장에서 만난 열아홉 살 폴이 너무나 대견해서 내가 점심을 쏘았었다. 그랬더니 이번에는 그가 내게 맥주를 사준다. 정성껏 들고 온 생맥주는 그날의 점심을 잊지 않고 있다는 그의 감사표시인가 보다. 엘레나 산장을 막 떠나려던 그가, 테라스에 도착해 배낭을 내리던 우리를 우연히 발견하면서 세 번째 만남이 이뤄진 것이다.

"폴! 페레 고개 넘기엔 시간이 많이 늦은 것 아닌가?"

"시간 충분하지만 모자라도 상관은 없다. 산 위에서 자면 된다."

"비 오고 바람 많이 불 텐데?"

"아무 문제없다. 나는 군인 아닌가?"

안 박사와 돌아가면서 그와의 이별사진을 찍었다. 사진 속의 그는 늠름했고, 엘레나를 떠나는 그의 뒷모습은 더 늠름했다. 내 것의 두 배는 될 법한 배낭인데도 그의 걸음은 가벼운 책가방을 둘러맨 아이처럼 총총거렸다.

국경 바로 아래인 이곳에서 스위스로 넘어가기 위해선, 산장 뒤에 버티어 선 두 개의 페레 고개Col Ferret 중 하나를 넘어야 한다. 그랑grand과 프티petit, 형과 아우의 의미를 내포하는 수식어를 이름 앞에 붙였으니 페레Ferret 가문의 형제 고개나 다름없다.

형인 그랑페레 고개Grand col Ferret. 2,537m는 산장 바로 뒤쪽으로 이어지고, 아우인 프티페레 고개Petit col Ferret. 2,490m는 북쪽으로 약간의 거리를 두고 있다. TMB의 정규코스는 우리가 내일 아침에 넘을 그랑페레이지만, 시간을 절약하려는 트레커들은 보다 거리가 짧은 프티페레 쪽을 이용한다. 십대의 용감한 프랑스 군인 폴은 이미 시야에서 사라졌다. 두세 시간 안에 프티페레 고개를 넘어 스위스 땅 어딘가에서 혼자 텐트를 칠 심산인 것이다.

폴이 사주고 간 생맥주는 이미 바닥이 났고, 안 박사는 바로 옆 벤치에 앉아 남은 맥주를 들이켜고 있다. 눈을 들어 설산을 바라보았다. 엘레나 산장의 테라스는 지금까지 지나온 네 개의 숙소에서와 마찬가지로 변치 않는 감동을 주고 있다. 시야 가득 들어오는 프레드바르 빙하Glacier de Pre de Bar는 우리 집 맞은편 아파트처럼 가깝고 생생하다. 해발 3,823미터의 몽돌랑Mont Dolent에서 이어져 내려온 빙하다. 몇 킬로미터밖에 안 됨직한 저 거리를 내려오는 데에 얼마의 세월이 걸렸을까. 수백 년 시간 동안 느리게 밀려 내리느라

페레 고개를 넘어 스위스 땅으로 내려서고 있다. 고개 정상 표지석에는 해발 2537m가 표기되어 있다

지쳤는지, 곡기 끊은 거인의 잿빛 혀처럼 길게 늘어져 있다. 혓바닥 아래의 계곡은 거친 빙퇴석moraine과 암석 부스러기들로 뒤덮여 황량하기 그지없다. 우주영화에 등장하는 어느 혹성의 모습이다.

곧 이어진 저녁식사 자리는 거의 매일 반복되는 풍경이었다. 초면인 외국인들과 합석해 저녁을 함께 하고, 안 박사는 끊임없이 그들과 대화하고 나는 띄엄띄엄 떠듬떠듬 끼어들고…. 엊저녁은 외국인 중 일본인 부부가 옆에 앉았다. 그네들이 마시는 이탈리아 와인을 한 잔씩 얻어 마셨고 병이 비자 우리도 같은 와인을 한 병 더 시켜 한 잔씩 권했다는 게 종전과 다른 풍경이었다. 시간상으로나 거리상으로나 TMB 한 바퀴의 딱 절반이 끝난 날의 저녁이었다.

엘레나 산장Rifugio Elena은 소박하게 지어졌던 원래 건물이 60여 년 전 이 일대의 큰 산사태로 허물어진 후, 현재의 모습으로 견고하게 다시 지어졌다. 어제 저녁 합석했던 일본인 히로유키 니시오카 씨가 전해준 말이다. 엘레나란 명칭은 이탈리아의 옛 국왕 비토리오 에마누엘레 3세Vittorio Emanuele III의 왕비 이름에서 따온 것이라 한다. 동유럽 몬테네그로의 공주였던 엘레나Elena del Montenegro는 1896년 비토리오와 결혼하여, 1,2차 세계 대전의 중심에 휩싸였던 50여 년 격동의 시대를 이탈리아의 왕비로 살았다. 이탈리아 첫날은 엘리자베타였고 마지막 날은 엘레나, 고귀한 여성 이름의 산장들이라는 공통점이 있다.

아침 일곱 시부터 산장 앞 테라스는 길 떠나는 사람들로 북적거리기 시작이다. 아주 간단한 룩색을 둘러맨 십여 명의 반바지 차림 일행이 시끌벅적 출발 채비를 하고 있다. 한눈에 봐도 산악마라톤에 나서는 일행들이다. 두 달도 안 남은 '울트라 트레일 몽블랑 UTMB'에 참가하기 위한 훈련들인가 보다. 여성 한 명을 낀 아홉 명의 중장년 남성들, 8월에 있을 UTMB에 전원 참석하기 위하여 3일 동안 120킬로미터를 뛰는 훈련 중이라고 한다. 오늘이 두 번째 날이란다. 내가 카메라를 들이대자 모두 와~하며 한군데로 모여들어 포즈를 취해준다. 엘레나 산장 테라스의 아침은, 출발을 준비하는 이들의 북적북적 내뿜는 에너지로 활기가 넘쳐난다.

엘레나 새끼 빙하

여덟 시 조금 넘어 산장을 나섰다. 날씨는 어제보다 많이 흐릴 모양이다. 멀리 세이뉴 고개 쪽으로는 햇빛이 쨍쨍 내리쬐는 모습이지만 엘레나 주변을 둘러싼 하늘은 먹구름으로 뒤덮였다. 산장 뒤로 이어진 비탈길은 가팔랐다. 앞서 떠난 트레커들이 저 멀리 능선을 듬성듬성 열 지어 올라가는 모습들이 한눈에 들어오고 나는 열심히 그들을 쫓고 있다.

잠시 후 뒤돌아본 산장은 어느새, 녹색의 바구니 속에 다소곳이 놓인 아기 장난감이 되어 있다. 머리 위 먹구름과는 달리 왼쪽 페레 계곡에서는 구름 사이로 화창한 햇살이 내리비친다. 햇살 복판에서 커다란 무지개가 너무나 뚜렷이 솟아올라 있다. 발걸음이 저절로 멈추어졌다. 배낭을 내려놓고 무지개를 향해 카메라 셔터를 눌러댔다. 이탈리아 자연의 방식인가 보다. 사흘간 머물러준 데 대한 감사

↑ 페레 고개를 넘어 설원을 지나면 얼마 후 푸른 초원이 펼쳐진다

↑ 페레 고개 오르는 중턱에서 내려다본 엘레나 산장. 엘레나는 1, 2차 세계 대전 당시의 이탈리아 왕비 이름이다

의 표시, 작별의 인사를 이런 아름다운 무지개로 대신하는 것이다.

　　세이뉴 고개를 넘어 엘리자베타, 메종 비에유, 쿠르마예르, 베르토네, 보나티 그리고 저 아래 엘레나까지, 이탈리아 땅을 지나오며 만났던 모든 정경들이 단 몇 초 만에 주마등처럼 머릿속을 스쳐 지났다. 조금 전부터 내리기 시작했던 가랑비가 갑자기 굵은 빗방울로 변했다. 무지개에 시선을 빼앗기기 전부터도 이탈리아의 마지막 모습들을 한 장이라도 더 담아두려고 여기저기 사진을 찍어대느라 시간이 많이 지체되었다.

　　거리상으론 얼마 올라오지도 않았는데 벌써 한 시간이 훌쩍 지나 있어 놀랐다. 앞서 간 안 박사는 이미 저 높은 쪽으로 시야에서 사라졌다. 내 뒤에 따라오던 몇 사람도 이미 나를 추월하여 모두가 앞서고 있다. 배낭에서 우비를 꺼내어 걸쳐 입었다. 카메라를 비에 안 맞도록 잘 쑤셔 넣고는 얼른 배낭을 둘러매고 걸음을 재촉했다. 내 뒤로는 누구도 보이지 않고, 앞서 가던 두 사람도 어느새 모습을 감췄다. 걸음의 속도는 그대로였지만 왠지 마음이 급해지면서 들숨 날숨은 더욱 가빠지기만 한다.

　　산꼭대기에서부터 내려왔을 거대한 빙하가 앞을 가로막고 있어서 왼쪽으로 난 급경사의 길 자국을 따라 방향을 잡았다. 오를수록 경사는 심해졌다. 언제부턴가 온몸은 거의 경사면에 착 달라붙어 기어오르는 지경이 되었다. 그러다 어느 순간 길의 자국이 없어졌다. 사람들이 지났을 흔적이 있어 당연히 길인 줄 알고 올랐는데 그 흔적이 중간에 끊긴 것이다.

　　위쪽으로 바라보이는 건, 더 급해진 경사면에 덜 녹은 눈과 바위 그리고 비에 젖은 흙탕 속 잡초들뿐이다. 아래쪽을 내려다보면 아까 빙하와 만난 지점으로부터 삼백여 미터쯤 올라온 것 같다. 기어 올라올 때는 의식하지 못했지만 지금 돌아다보니 다시 내려가기에도 만만치 않은, 오히려 위험할 수도 있는 경사면이다.

자칫 한번 미끄러지기라도 하는 날이면 배낭의 무게와 함께 가속도가 붙어 계곡 바닥까지 추락할 형국이다. 굵었던 빗줄기는 가늘어졌지만 사면의 질퍽거림 때문에 미끄럼 위험은 더 커졌다. 다시 산 정상 쪽을 올려다보지만 도저히 자신 없는 오르막이다. 안 박사와 앞사람들은 도대체 어떻게 저 위로 올라갔을까? 의아해하며 올려다보고 다시 내려다보고, 그 자리에서 시간은 대책 없이 삼십여 분이 흘렀다.

어떻게든 저 빙하 옆까지 도로 내려간 다음 엘레나로 돌아가서 차를 불러 스위스로 넘어갈 수밖에 없다는 결론을 내리고 있을 때 두 사람의 남녀가 나타났다. 빙하 앞에서 아이젠을 차는 모습이 눈에 들어왔고 남자가 먼저 성큼성큼 빙하를 건넜다. 아차 하는 순간에는 가차없이 미끄러져, 아득해 보이는 계곡 밑으로 추락할 것 같은 위험구간인데도 말이다.

이어서 여성이 조심스럽게 뒤를 따랐고 둘은 순식간에 빙하 건너편에서 아이젠을 풀고 언덕 뒤로 사라졌다. 자세히 보니 빙하 위에 조그만 선이 그어져 있다. 사람들 발자국으로 다져진 가느다란 선. 아하, 저 선이 바로 올바른 길이었는가 보다. 근데 아이젠도 없는 나였다. 둘째 날 잔뜩 겁먹은 채 본옴므 고개 Col du Bonhomme 의 그 기다란 능선길을 엉금엉금 건넌 것과 비슷한 상황이다. 그때보다 폭

1

2

3

1. 페레 고개를 넘어 처음 만나는 스위스 시골집들 2. 스위스 라풀리 마을의 버스 종점, 트레킹 마치고 떠날 사람들 3. 페레 마을에서 라풀리 마을로 내려가는 방향의 이정표 4. 엘레나 산장, 곧 있을 UTMB 대회를 위해 훈련 중인 울트라 마라토너들 5. 7월 말쯤이면 이런 눈들이 거의 다 녹을 듯

은 훨씬 짧지만 경사는 더 위험하다. 정 겁이 나면 엘레나로 내려가서 차를 부르기로 이미 마음은 먹었다.

일단 질퍽한 경사면에 엉덩이를 대고 빙하 옆까지 내려오는 데 이십 분이 걸렸다. 바지와 배낭은 온통 흙탕으로 뒤범벅되었으나 그건 중요한 게 아니었다. 빙하 앞에 당도해 정신을 차리니 모골이 송연해졌다.

페레 고개

엘레나 산장으로 돌아가서 차를 타고 스위스로 넘어간다는 건 TMB 종주라는 당초 목표를 포기하는, 생각만 해도 끔찍한 일이었다. 게다가 이미 고개 정상에 올라 나를 마냥 기다리고 있을 안 박사도 문제였다. 망설이고 망설이다 결국은 아이젠 없이 빙하를 건넜고, 오 분도 안 된 어느 순간 나는 빙하 건너편에 주저앉아 있었다. 돌이켜보면 TMB 십 일 중 가장 많이 겁먹은 날이었다.

엉뚱한 길을 기어오르며 흠뻑 젖었던 온몸은 이제 식은땀으로 질펀했고 오들오들 한기가 오기 시작했다. 빨리 몸을 움직이는 게 급선무였다. 길이 격한 오르막으로 꺾이면서 비로소 다시 시야가 트였다. 능선의 경사는 여전히 가팔랐지만 길은 지그재그로 이어지다 보니 오르기에는 수월해졌다. 고개 쪽으로도 다시 시야가 트이면서 멀리 앞서가는 사람들이 하나 둘 보이기 시작했다. 노란색의 TMB 표지석도 반갑게 다시 만났다.

잠시 길을 잘못 들면서 한 시간이 지체되었다. 역시 낯선 길을 걸을 때는 혼자 떨어지는 경우를 가장 경계해야 한다. 멀든 가깝든 앞과 뒤로 누군가는 있어야 하는 것이다. 비도 개었고 이제야 길도 제대로 들었다. 마음에 안정이 찾아오면서 주변 경관이 다시 눈에 들어오기 시작한다. 배낭을 뒤져 카메라를 찾았다. 흙탕물로 범벅이 된 배낭이었지만 그 안 깊숙이 찔러 넣었던 카메라는 다행히 젖지 않고 온전했다.

빙하 계곡을 건넌 후 페레 고개까지는 사십오 분이 걸렸다. '그랑페레 고개Grand col Ferret. 2,537m', 정교하게 세워진 돌탑의 안내판 글씨가 이곳이 그랑페레 고개임을 말해준다. 돌탑 위 양면에는 각각 이탈리아와 스위스를 뜻하는 영문자 'I'와 'S'가 새겨져 있다. 돌탑을 부여잡고 두 다리를 최대한 벌리면 몸의 절반은 스위스 땅에, 나머지 절반은 프랑스 땅을 딛고 서는 것이다. 노란색 이정표 하나가 눈길을 끈다. '엘레나 산장까지 50분'. 내려가는 데 한 시간도 안 걸리는 길을 나는 거의 세 시간 걸려서 올라온 셈이다.

고개 주변은 흐린 날씨 때문인지 두 팀에 네 명 트레커만이 주변 경관을 감상 중이어서 썰렁한 느낌이었다. 두 나라의 국경은 북쪽 능선을 따라 길게 이어지고 있다. 저 능선을 따라가면 프티페레 고개Petit col Ferret. 2,490m를 지나 북서쪽에 솟아 있는 설산 몽돌랑Mont Dolent. 3,823m에 이를 것이다. 그랑과 프티 두 고개를 지나는 이탈리아와 스위스의 국경선은, 몽돌랑 정상에 이르는 순간 프랑스까지 끼어든 3국간 국경으로 분화된다. 몽돌랑은 세 개의 나라를 거느린, 알프스 유일의 3국봉인 것이다. 3국봉 아래의 프레드바르 빙

↑ 페레 고개의 겨울 눈길을 지나 마을 입구까지 내려오면 스위스 시골의 봄 길을 기다린다

하Glacier de Pre de Bar는 오로지 이탈리아 땅으로만 차가운 혀를 길게 늘어뜨리고 있다. 비슷한 눈높이 때문인지 어제 오후 엘레나에서 올려다볼 때와는 훨씬 더 거대해 보이는 모습이다.

    고개를 내려가기 전 마지막으로 뒤돌아본다. 부분적으로 구름에 가려지긴 했으나 산 아래 페레 계곡과 그 너머 베니 계곡은 며칠간 보아온 모습 그대로이다. 계곡이 시작된 세이뉴 고개는 워낙 아득해서 자그마한 언덕이나 다름없어 보였다. 며칠 동안 저 먼 길을 내가 모두 걸어왔다는 사실이 새삼 놀랍고 새삼 대견스러워진다. 사흘 간 정들었던 이탈리아 길이다. 다시 배낭을 메고 고개 아래로 발걸음을 옮긴다. 대학 시절 한동안 정들었던 하숙집 대문을 떠나는 심정이 되었다.

라필라 목장

    고개 너머 스위스 쪽 내리막은 설원이었다. 군데군데 누런 알몸을 드러낸 대지도 보이지만 대부분은 7월 초여름까지도 녹지 못한 지난 겨울의 눈으로 온통 뒤덮여 있다. 북쪽으로 고개 하나 넘었을 뿐이다. 페레 고개에 오르던 막바지의 이탈리아 대지와는 확연한 차이를 드러낸다. 아이젠이 없는 내가 저 눈밭에서 다시 어떤 급경사 위험 구간을 만날지 긴장도 되었지만, 시야 안에 펼쳐진 설원은 완만했다. 길의 자국 또한 뚜렷하여 그나마 안심은 되었다. 빨리 이 설원을 벗어나고 싶었고 어서 안 박사와 조우하고 싶은 마음에 발

스위스로 넘어오는 페레 고개는 그랑페레와 프티페레, 두 갈래 길이 있다. 뒤에 보이는 능선이 형뻘인 그랑페레다.

걸음은 빨라졌다.

"헬로우!"

나보다 멀찍이 앞서 내려오던 사람들을 추월하며 인사하면 "봉쥬르"란 답이 돌아왔다. 다행스럽게도 설원은 위험구간 없이 길지 않게 끝났다. 반가운 흙길이 시작되면서 두터운 등산화 속으로 느껴지는 감촉은 달콤했다. 눈밭을 벗어난 스위스의 대지는 질퍽하지만 푹신하면서 부드러웠다. 비로소 주변의 산과 계곡으로 눈길이 모아졌다. 계곡 앞에 버텨선 라테사브레 산La Tsavre. 2,978m은 봉우리만 또렷이 드러낸 채, 중턱부터 아래 기슭까지 하얀 구름에 쌓여 신비롭다.

완만한 능선을 따라 고도를 낮춰갈수록 주변은, 흰색에서 회색 그리곤 짙은 녹색에서 다시 연두색으로 변해간다. 이탈리아 구간에서 만난 TMB가, 빙하로 뒤덮인 설산과 거대 침봉들이 빚어내는 회색의 웅장함이라면, 만난 지 삼십 분 지난 스위스 TMB는 '포근함'이란 단어 하나로 압축될 수 있겠다.

"상무님!"

저만치서 들리는 반가운 목소리에 정신이 번쩍 들었다. 따스해 보이는 길모퉁이에서 배낭에 기대어 누워 있던 안 박사가 손 흔들며 일어서고 있다. 헤어진 지 세 시간 반인데 35년 만에 만나는 이산가족 상봉이 되었다. 배낭에서 사과 두 개를 꺼내 나눠먹으며, 페레 고개 아래에서의 지난 세월(?) 겁먹었던 이야기를 서로가 털어놓았다. 안 박사도 길을 잘못 들어 나와 비슷한 상황을 맞았지만 용케 헤쳐 나왔단다. 페레 고개에서 기다리다 너무 추워서 이곳까지 내려와 한 시간 가까이 기다렸다는 것이다. 아삭아삭 씹히는 이탈리아 사과의 감촉이 좋았고 목젖을 타고 넘어가는 사과즙의 맛은 감미로웠다.

어디선가 프로펠러 소리가 나는가 싶더니 계곡 아래 뽀얀 뭉게구름을 뚫고 헬기 한 대가 소음을 내지르며 떠올랐다. 자그마한 노란색 헬기는 녹색과 연두색이 뒤엉킨 산등성과 하얀 뭉게구름을 배경으로 한 바퀴 돌며 방향을 잡더니, 이내 페레 고개 쪽을 향하여 날아가다 사라졌다. 자리를 털고 일어나 다시 길을 재촉할 즈음 아까의 그 헬기가 다시 나타났다. 긴 줄에 들것 같은 걸 매단 채 우리 뒤에서 나타나 라테사브레 산 너머로 사라졌다.

"죽지는 않았겠죠?"

안 박사도 같은 생각을 했던 모양이다. 페레 고개 너머 계곡 어딘가에서 누군가가 사고를 당했을 것이다. 저 들것 속에서 거친 숨을 몰아쉬고 있을 그 누군가의 모습이 떠올라 몸서리가 쳐졌다. 고향 집에서 오늘의 이런 상황을 꿈도 못 꾼 채 종전대로의 일상을 보내고 있을 가족들을 상상해보며 가슴이 저려왔다.

"사람이 아니라 보급물자를 싣고 가는 것일 수도 있어."

헬기가 날아가고 돌아온 방향으로 보아 맞지도 않을 말을 한마디 뱉고는 무심한 척 걸음을 옮겼다.

페레 고개를 넘은 지 한 시간 만에 스위스의 첫 민가와 만났다. 라쮜라 목장Alpage de la Peule. 2,071m은 계곡을 내려다보며 멀리 스위스 초원이 한눈에 들어오는 멋진 위치에 자리하고 있었다. 기다란 단층건물 앞에 세워진 몽골식 천막 가옥인 게르Ger 두 채도 인상 깊었다. 낙농장을 겸하는 이 숙소에 예약했다면 저 몽골 가옥에 하룻밤 머무는 체험도 했겠다 싶으니 아쉬워졌다.

　　마른 목재를 잘게 파쇄하여 흙 대신 깔아놓은 마당 그리고 거기에 놓여 있는 열 개쯤의 탁자, 가랑비만 안 오고 화창한 날씨라면 오고가는 트레커들로 붐볐을 듯하다. 건물 바로 아래 초원에는 갈색과 흰색 무늬의 젖소들이 가랑비에도 아랑곳없이 풀을 뜯거나 먼 산을 바라보며 저마다의 사색에 잠겨 있다. 뿔이 날카로운 흑갈색 소 한 마리가 앞을 지나가는 우리를 주시하고 있다. 표정은 무심해 보이지만 처음(?) 만나는 동양인이 신기했을 수도 있고 이방인을 경계하는 눈치이기도 했다.

페레 마을

　　몽돌랑을 정복하러 갔다가 눈사태를 만나 실패하고 내려왔다는 프랑스인 둘은 아쉬운 듯 설산을 바라보고 있다. 안 박사와 나는 설산보다는 그 앞으로 펼쳐진 스위스의 초원에 매료되어 시선을 빼앗기고 있었다. 우리가 두 시간 가까이 가야 할 길은, 녹색 캔버스에 구불구불 그려진 하얀 선이었다. 완만하게 뻗어난 내리막, 아무리 멀어도 힘들거나 피곤하지 않을 것 같은 그런 길이었다. 산길을 내

앞에 보이는 몽돌랑에 올랐다가 산사태로 정상에 오르지 못하고 막 하산한 프랑스 산악인 두 명 →

려오고 물살이 거센 강물 위 나무다리를 건너면, 강을 따라 편안한 비포장도로가 이어진다.

다리 앞에, 라푈라 목장을 가리키는 이정표에 잠시 눈이 갔다. 지도에 나온 알파벳과는 다소 다르게 '알파지 라푈라Alpage la Peulaz'로 표기되어 있었지만 그런가 보다 하고 지났다. 오늘 구간에서는 3국봉 몽돌랑이 가장 위엄 있는 존재이다. 페레 고개에서도 그랬지만 평지로 내려온 지금도, 구름인지 빙하인지 모를 흰 모자를 뒤집어 쓴 그 위용은 가히 압도적이다.

몽블랑Mont Blanc. 4,807m을 정복한 샤모니 사람 자크 발마가 알프스 최초의 영웅이라면, 두 번째 영웅은 저 몽돌랑Mont Dolent. 3,823m 정상을 처음 밟은 영국인 에드워드 휨퍼Edward Whymper이다. 몽돌랑 때문이 아니라 몽돌랑을 밟은 이듬 해, 그 어렵다던 마터호른Matterhorn. 4,478m을 최초로 정복했기 때문이다. 많은 알피니스트들의 도전을 불허했던 난공불락의 마터호른이, 몽블랑 정복 이후 장장 80년 만에 에드워드 휨퍼에게 정상을 허용했으니 실로 위대한 성취였다.

그랑드조라스Grandes Jorasses의 양대 거봉 중 하나인 휨퍼 봉Pointe Whymper. 4,184m에까지도 그의 이름 '휨퍼'를 남겼다. 그런 위대한 영웅이 처음 정복한 몽돌랑에 가장 가까워지는 지점에 도착했다. 스위스로 넘어와 처음 만나는 마을, 페레Ferret. 1,705m가 그런 곳이다. 띄엄띄엄 집 몇 채만 보이는 조그마한 마을이지만, 사진이나 그림에서 익히 보아왔던 스위스의 예쁜 집들을 처음 만나는 곳이다.

라풀리 마을

빨강과 노란색으로 알록달록한 이정표 몇 개가 눈길을 끌었다. 그랑페레까지 8킬로미터, 라퀼라 목장까지는 4킬로미터 거리란다. 아침 여덟 시에 출발한 엘레나 산장까지는 세 시간 오 분으로 표기되어 있으니, 나로서는 한 시간 이상이 더 걸린 셈이다. 오늘 목적지인 라풀리 마을까지는 3킬로미터 남았다. TMB 이정표가 지시하는 대로 마을을 벗어나는 왼쪽 산길로 들어선다. 이십 분 전에 건넌 페레 강La Drance de Ferret을 좁은 나무다리로 다시 건너면 키 큰 나무들이 울창한 숲길로 이어진다.

하얀 들꽃이 만발한 초원을 걷기도 하고, 시원한 강물소리와 가까워졌다 멀어졌다를 반복하며 삼십 분 정도를 가다보면 아스팔트 차도로 나온다. 페레 마을을 벗어날 때 산길로 들어서며 헤어졌던 그 도로와 다시 만나는 것이다. 이윽고 라풀리La Fouly. 1,610m 마을 입구, 가랑비가 막 내리기 시작했지만 바로 코 앞에 있는 인포메이션 센터로 비를 피해 들어간다. 스위스 첫날, 마음이 느긋해지는 오후 한 시 반이다.

> **여섯째 날**
> 이탈리아에서 스위스로,
> 페레 고개

국경을 넘는 세 번의 기회 중 두 번째인 페레 고개를 넘어 스위스로 들어가는 코스이다. 페레 고개를 오르는 급경사 눈길에서 가랑비가 많이 내려 위험한 경우를 넘겼다. 본옴므 고개에서처럼 아이젠이 필수인 코스이다. 이탈리아와 스위스의 자연 환경이나 사람들 분위기를 하루 동안에 비교해 볼 수 있는 구간이다.

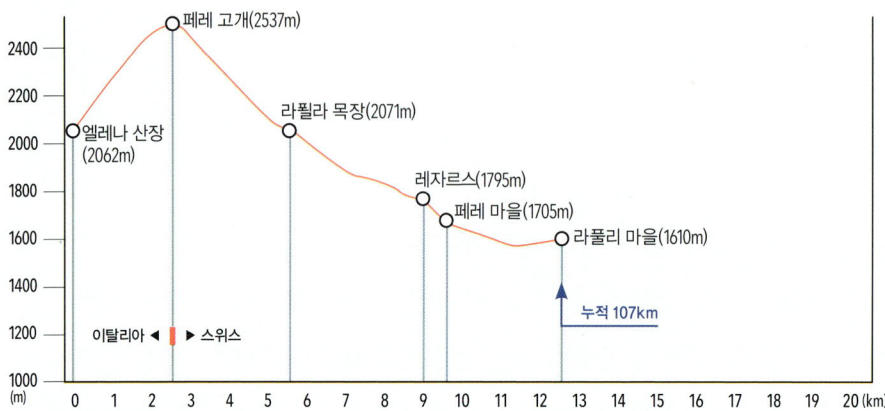

거리 12.5km **최고 고도** 페레 고개 2537m **최저 고도** 라풀리 마을 1610m **소요 시간** 트레킹 6시간 + 휴식 없이 = 총 6시간
구간별 엘레나 산장(2062m) 2.5km → 페레 고개(2537m) 3km → 라필라 목장(2071m) 3.5km → 레자르스(1795m) 0.5km → 페레 마을(1705m) 3km → 라풀리(1610m)

경유지 정보

엘레나 산장 이탈리아에서의 마지막 숙소이다. 산장 발코니에서 보이는 프레드바르 빙하가 상당히 가깝고 생생하다. 엘레나는 동유럽 몬테네그로의 공주로서 이탈리아 왕실로 시집온, 왕비의 이름이다. 산장 뒤의 두 개의 페레 고개 중 하나를 넘으면 스위스 땅이다.

그랑페레 고개 페레 고개는 그랑페레와 프티페레, 두 개다. 그랑페레가 정규코스이면서 조금 더 높고 더 길다. 두 개의 고개가 북쪽으로 이어지면서, 프랑스, 이탈리아, 스위스 세 개 나라 땅을 점하는 3국봉 몽돌랑까지 국경이 이어진다. 미끄러운 빙하 지대를 아이젠 없이 건너면서 위험한 상황을 만났었다. 이탈리아와 스위스를 뜻하는 영문자 'I'와 'S'가 새겨진 돌탑 하나가 국경을 표시한다. 몽돌랑 아래의 프레드바르 빙하가 인상 깊다.

라필라 목장 완만한 능선을 따라 고도를 낮춰갈수록 스위스 땅은, 조금 전까지 지나온 이탈리아 땅보다는 더 포근한 느낌이 든다. 페레 고개를 넘은 지 한 시간 만에 스위스의 첫 민가인 라필라 목장과 만난다. 스위스 초원이 한눈에 들어오는 멋진 위치이다. 몽골식 천막 가옥인 게르Ger도 두 채 있다.

페레 마을 산길을 내려오고 물살이 거센 강물 위 나무다리를 건너면, 강을 따라 편안한 비포장도로가 이어지고 잠시 후 페레 마을을 만난다. 비록 몇 채에 불과하지만 예쁜 목조주택들이 있는 스위스 첫 마을이다. 몽돌랑 산에 가장 가까워지는 위치이기도 하다.

라풀리 마을 페레 강을 건너고 울창한 숲속길을 걷다보면 라풀리 마을과 만난다. 버스 종점이 있는 마을이라서, 스위스 여러 지역을 알프스 산속과 연결해주는 역할을 한다.

길찾기 유의사항

페레 고개를 오르는 초기 단계에서 정신없이 사진을 찍느라 늑장을 부렸고, 앞뒤로 사람들이 안 보

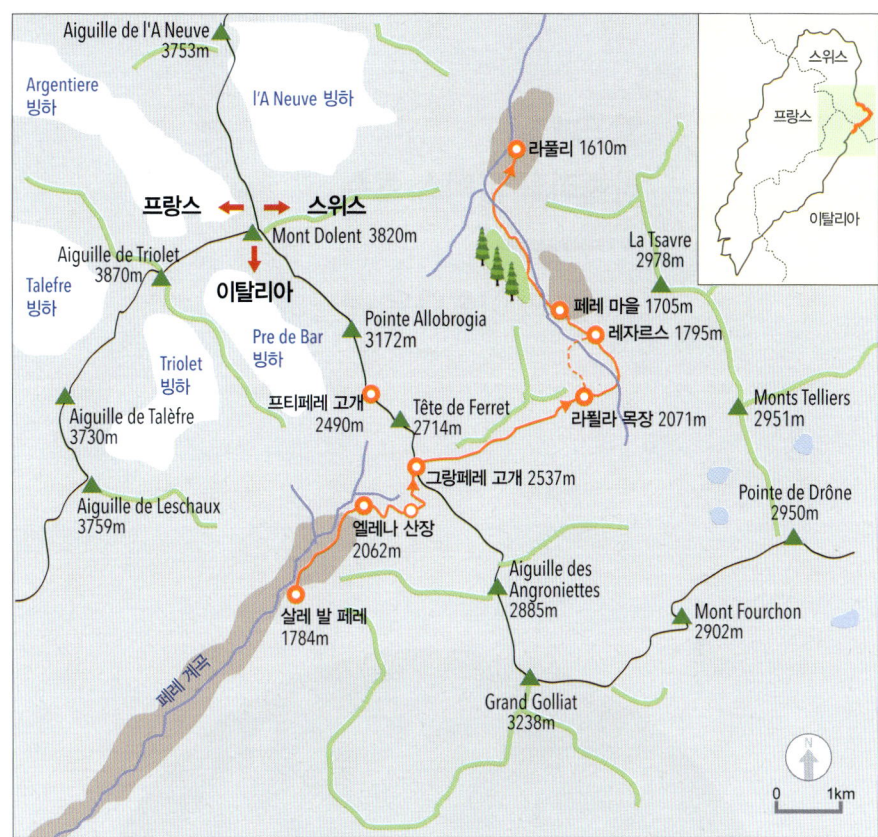

였다. 가랑비까지 오는 바람에 산길을 잘못 들어 위험한 고비가 있었다. 페레 고개 오르는 동안은 엘레나 산장에서 출발한 트레커들과 완전히 멀어지지 않도록 보조를 맞추는 게 좋다.

숙박 시설

페레 마을(스위스 시작)

라필라 목장 Alpage de La Peule
전화번호 +41(0) 277 831 041(6월말 이후), +41(0) 792 903 493(6월말 이전) **영업 시기** 6~9월 **이메일** coppey.lapeule@dransnet.ch
홈페이지 www.lapeulaz.skyrock.com

페네트르 호텔 Hotel du Col Fenêtre
전화번호 +41(0) 277 831 188
이메일 hotelducoldefenetre@gmail.com
홈페이지 www.montourdumontblanc.com

라풀리

레쉐르 지트 Gîte de La Léchère
전화번호 +41(0) 277 833 064 **영업 시기** 6~9월
이메일 lisebethjoris@gmail.com
홈페이지 www.lalechere.ch

돌랑 산장 Chalet Le Dolent
전화번호 +41(0) 792 203 991 **영업 시기** 연중 무휴
이메일 info@dolent.ch **홈페이지** www.dolent.ch

에델바이스 호텔 Hotel Edelweiss
전화번호 +41(0) 277 832 621 **영업 시기** 6~9월
이메일 info@lafouly.ch **홈페이지** www.lafouly.ch

글라시에 산장 Auberge des Glaciers
전화번호 +41(0) 277 831 171
이메일 info@aubergedesglaciers.ch
홈페이지 www.aubergedesglaciers.ch

발 페레 그랑 호텔 Grand-Hôtel du Val Ferret
전화번호 +41(0) 277 831 177
이메일 info@grandhotelfouly.ch
홈페이지 www.grandhotelfouly.ch

식사

페레 고개를 다 넘고 거의 하산한 후에 만나는 라필라 목장에서 점심을 사 먹을 수 있다.

일곱째 날,
라풀리와 샹펙스 호수

스위스의 아름다운 산골마을들

스위스에서의 첫 아침식사 메뉴에는 미역국과 북엇국이 추가되었다. 고추장, 깻잎, 견과, 수프 등 안 박사가 배낭 가득 짊어지고 온 우리 음식 덕택에 알프스에서의 삼시 세끼는 나름대로 풍족(?)할 수 있었다. 수프로서는 마지막 남은 두 봉지를 하나씩 나눠 뜨거운 물에 풀었다. 숙소의 아침 식단인 토스트를 먹기 전에 들이켜는 미역국이다. 과음한 다음 날 아침에 먹는 속풀이 해장국처럼 속이 시원하고 든든해진다.

숙소인 에델바이스 호텔Hôtel Edelweiss 레스토랑에는 어제 저녁과 마찬가지로, 오늘 아침에도 그동안의 여느 산장들과는 달리 트레커들 외에 일반 관광객들도 많이 들끓었다. 이 마을에 버스 종점이 있기 때문일 것이다. 알프스 속살을 보다 편안하게 맛보려는 사람들을, 스위스의 여러 도시들과 연결해주는 요충지가 바로 이곳 라 풀리La Fouly이다.

케브 레이놀즈의 가이드북은 샹펙스Champex까지 가는 오늘 코스를 '가장 쉬운 구간The easiest stage of the TMB'이라고 소개하고 있다. 고도차 565미터를 천천히 내려간 후 420미터를 올라가는, 전체적으로 완만한 15킬로미터 거리이다. 시간에 쪼들리거나 에너지를 아끼고 싶은 경우에는 숙소 바로 앞 정류장에서 버스를 타고 가는 것도 좋다. 지루할 것이라고 지레 속단하고 버스를 이용하려는 트레커들을 가이드북은 슬며시 유혹한다. 스위스의 목가적 자연과 알프스 시골 사람들의 생활상을 엿보기 위해선 이 코스를 절대 빠트려선 안 된다는 것이다.

아침식사를 마치고 느긋해진 마음에 혼자 잠시 마을 산책에 나섰다. 숙소 앞 정류장에는 시간 맞추어 도착할 버스를 기다리는지 여러 트레커들이 기다란 벤치를 점하고 있었다. 그 뒤로는 붉은색 꽃과 화분으로 치장한 갈색의 가옥들이 한가로이 알프스의 아침을 맞고 있다. 어제 늦은 점심을 먹었던 글라시에 레스토랑Auberge des Glaciers은 아직 오픈을 안 한 채 검은색 외관에 중후한 자태만 뽐내고 서 있다.

이 마을의 존재 이유는, 맞은편 계곡의 몽돌랑과 투르누아Tour Noir를 둘러싼 설산들이겠다. 산속 깊숙이 올라가지 않고 이곳에 하루나 이틀 머물다가는 것만으로도 충분히 알프스의 정취를 느낄 수 있는 그런 마을이다.

"헬로우, 미스터 리! 아직 안 떠났나?"

둘째 날 레콘타민을 떠나 본옴프 고개를 오르는 길에서 만났던 이스라엘인 오리모크Orrimoch와 그의 친구 코베Kobe Zvirch였다.

"그래, 아쉬워서 잠깐 둘러보고 떠날 거다."

먹거리를 잔뜩 샀는지 두툼한 비닐봉지 하나씩을 들고 슈퍼에서 나오는 중이었다. 오리모크가 슈퍼 앞 벤치에 앉으며 봉지에서 사과 한 개를 꺼내 내밀었다. 유럽의 사과는 우리 것보다 맛이 없다고 늘 생각하면서도 흔쾌히 받아 아삭아삭 씹었다. 어제 오후 마을에 들어오자마자 이 자리에 앉아서 먹었던 아이스크림의 달콤한 맛이 떠올랐다.

이스라엘 항공 관련 기업에 근무하는 둘은 기계공학과 컴퓨터 공학 분야에서 일하고 있다. 휴가만 받으면 어김없이 세계의 산과 길을 찾아 여행을 떠난다고 한다. 시간이 부족한 관계로 일부 단조로운 구간은 대중교통을 이용하며 일주일 목표로 TMB를 걷고 있다. 오늘은 이곳에서 느긋이 점심까지 만들어 먹고, 오후 늦게 버스를 타고 샹펙스로 간다고 한다. 이야기를 나누면서도 우리 셋의 시선은 계곡 너머의 설산을 응시하고 있다. 설산 중턱에 낮게 깔린 구름들과 함께, 스위스 산골 마을의 아침은 더욱 아늑하기만 하다.

인공 호수 댐

느지막하게 열 시 다 되어 에델바이스 호텔을 나섰다. 말이 호텔이지 레스토랑이나 인테리어는 럭셔리했지만 침상은 남녀 구분 없는 다인실이었다. 자정 가까이까지 안락한 휴게소에서 놀다가 불 꺼진 방에서 내 자리 찾아 더듬거리느라 같은 침상 옆 사람들에게 민폐를 끼쳤다.

에델바이스에서 도로를 따라 북쪽으로 500미터 지점에 위치한 발 페레 그랑호텔Grand-Hôtel du Val Ferret은 라풀리 마을에서 가장 큰 숙박업소이다. 길가 언덕 위에 노랑 빨강 검정색으로 치장한 4층 건물이 우람한 자태를 내뿜고 있다.

TMB 이정표가 호텔 맞은편 숲길로 우리를 인도한다. 수십 미터 높이의 낙엽송 숲을 지나면 인공호수와 마주친다. 짙은 연두빛깔 빙하수가 댐에 가로막혀 거울처럼 매끄러운 수면을 만들어내고 있다. 호수에 투영된 녹색의 숲과 파란 하늘이, 화창한 아침 햇살에 어울려 캔버스 위에 한 폭의 풍경화가 되었다. 수문을 겸하는 댐 위를 건너면 오른쪽으로 한적한 들길이 이어진다.

TMB에 나선 일곱 번째 날 오늘은 지난 엿새 동안과는 확연히 다를 것 같다. 가이드북의 소개처럼 '가장 쉬운 구간'이면서 날씨마저 화사하기 이를 데 없지 않은가. 눈밭을 만나거나 빙하 위를 살금살금 건너야 할 구간도 없고, 하늘이 저리 맑으니 우비를 둘러쓰고 수중전 치를 일도 없을 것이다. 울창한 숲 사이로 난 넓은 길을 걷다가 초원을 가로지르는 희미한 길을 한참 지나고, 돌 부스러기로 뒤덮인 거친 자갈길을 타박타박 걷기도 한다.

↑ 라풀리에서 상펙스까지 가는 구간은 가이드북에서 'TMB 전 코스 중 가장 쉽다'고 소개하고 있다
↓ 라풀리 마을을 벗어나며 만나는 작은 호수

프라즈 드 포르

　멀리 산 능선 경사진 초원에 울창한 나무숲을 배경 삼아 띄엄띄엄 앉아 있는 목조 가옥들은, 영화나 사진 속에서 언젠가 보았을 스위스 목장마을의 정경 그대로이다. 이국적 정경을 만끽하면서도 몸과 마음은 우리 동네 뒷동산을 거니는 것처럼 느슨해졌다. 그렇다고 긴장이 풀어진 상태로만 계속된 건 아니다. 절벽 중턱으로 난 위험한 길을 이백여 미터 건너는 구간에서는 조마조마했다. 한 사람만 지날 수 있는 좁은 길에서 발을 헛디디기라도 한다면 절벽 아래로 무참한 추락이었다. 먼 길 여행 중에는 마음이 너무 느슨해질 때를 스스로 경계하라고 조용히 타일러주는 구간이었다.

　숲길에서 평지로 내려와 계곡을 따라가면 이윽고 스위스 시골마을 집들이 가까이에 하나씩 모습을 드러낸다. 수려한 색상의 목조주택들이 적당한 공간을 두고 듬성듬성, 그러나 질서 있게 앉아 있다. 주변 텃밭에는 트랙터와 이런저런 농기구들이 잠시 작업을 쉬는 듯 어지러이 널렸다. 이마의 땀을 닦아내며 방금 집으로 들어간 주인 내외가 점심 식탁 위에 도란도란 앉은 모습을 상상할 수 있다. 스위스 시골마을 사람들의 일상은 이렇듯 평화롭다.

　우리의 소박한 농촌 풍경이라기보다는 서울 근교의 전원주택촌 모습에 가깝다. 잘 가꾸어진 정원들은 단정했으며 아름다웠고 럭셔리해 보인다. 'Moreces', 'Planereuses', 'Chemin de la Vallo', 'Coin du Village'. 동네 이름을 표기한 것으로 보이는 팻말들이 한결같이 흑갈색 바탕에 하얀 글씨로 일정 거리를 두고 서 있다. 네 개 팻말에 이어서 조그만 버스 정류장을 지난다. '프라즈 드 포르 Praz-de-Fort. 1,151m', 가이드북에 오늘 코스의 중간 기점으로 표기된 곳이다. 라풀리 마을 출발한 지 두 시간 반 만에 프라즈 드 포르에서 잠시 멈추어 배낭을 내려놓았다.

이세르 마을

알프스의 산골마을 풍경만으로도 이 나라의 위상을 짐작할 수 있다. 우리나라 면적의 절반에도 못 미치는 이 왜소한 나라가, 프랑스, 이탈리아, 오스트리아, 독일이라는 유럽의 4개 강대국들과 국경을 맞대고 있으면서도 역사적 국난도 없이 지금까지 오랜 세월 풍요를 누리고 있다. 역사에 문외한인 나에겐 참으로 불가사의한 일이다. 저 홀로만의 풍요도 아닌 것 같다. 중립국의 위치를 견지하면서 국제사회의 평화활동 등에 나름의 역할을 하면서 지대한 영향도 함께 미치고 있다. 오래전 선조들로부터 물려받은 지혜 덕택일 것이다.

지난밤 에델바이스에서의 숙박비는 저녁과 아침식사 포함하여 67프랑, 우리 돈 9만 원이었다. 이탈리아에서 사흘 밤, 세 개 산장을 거치며 하루에 통상 45유로, 우리 돈 6만 원 정도를 지불했던 것과 비교된다. 숙소의 위치나 인테리어의 차이를 감안하더라도 물가의 차이는 큰 편이었다. 풍요의 정도를 물가에 비례시켜 판단할 순 없겠지만 일반적인 척도는 될 것이다.

오늘도 안 박사는 앞서 가고 있다. 조금 전까지도 저만치 보였던 뒷모습은 어느새 고개 너머로 사라졌다. 골목길 집 앞과 화단에 질서 있게 놓인 아기자기한 인형들에 정신을 빼앗겨 카메라를 들이대다 보니 다시 그와 멀어졌다. 길을 걸으며 하루에 이백여 장의 사진을 찍어대는 나로서는 그와 보조를 맞출 재간이 없다.

예전 어느 여행에 동행했던 인생 선배가 은근히 핀잔을 준 적이 있다. 핸드폰 카메라에만 의지하는 그는, 자신은 여행지의 풍경을 머리와 마음속에 담는다고 했다. 오로지 카메라에만 담으려고 늘 바쁜 내가 그에겐 천박스러워 보였을지 모른다. "제 머리와 마음은 그런 용량이 못 되는 걸 어떡합니까?" 당시의 내 대답에 약간의 빈정거림을 담았던 것 같다.

여행 중에서의 사진 찍기는 오 년 가까이 몸에 밴 하나의 버릇, 무의식적 습관이 되어버렸다. 여행이 끝난 후, 찍어둔 사진을 한 장씩 넘겨볼 때면 그 사진을 찍었을 당시의 상황이나 느낌들이 소상히 떠오른다. 그래서 사진 한 장은 수첩 한 페이지의 메모량과 같다는 믿음이 언제부턴가 확고해졌다. 하루 종일 찍은 사진들은 그대로 그날 하루의 일기나 다름없다는 믿음도 마찬가지이다.

잠시 초원길을 지나고 차량이 간간히 지나는 도로로 내려왔다. 이세르Issert 마을 아담한 집들이 도로변에 열 지어 서 있다. 저만치서 배낭을 내려놓은 안 박사가 손을 흔들며 나를 반긴다. 점심 사먹을 곳을 찾았는가 보다. 도로변 버스정류장 옆에 예쁜 꽃으로 치장된 2층 건물이다.

샤텔 레스토랑Restaurant du Chatele 앞 야외 탁자에 안 박사가 자리를 잡아두고는 옆자리 중년 부부와 얘기를 나누면서 나를 소개시킨다. 외교관 일을 하다가 은퇴한 이스라엘 부부였다. 십여 년 전에 서울에 근무하며 삼 년을 살았던 경험을 놓고, 이미 안 박사와 이십여 분 동안 재미있는 얘기들이 많이 오고간 모양이다. 과묵해 보이는 남편과 달리 아내 분은 서울생활의 여러 추억들을, 안 박사의 장단에 맞추어 수다로 풀어내고 있다.

내가 점심메뉴를 추천해달라고 부탁했다. 송아지 고기를 다져서 어쩌고 한다는 요리를 아내 분이 추천해준다. 우리 둘 모두 흔쾌히 받아들여 주문했다. '타르타르Tartare 180그램', 송아지 고기 육회에 토스트와 샐러드가 곁들여 나왔다. 가격이 20프랑, 우리 돈 2만5천 원 수준이다. 우리네 점심으로는 과한 편이지만, 입에서 살살 녹는 그 맛이 충분히 가격을 상쇄하고도 남았다. 어제도 24프랑짜리 점심을 태연히 먹었다. 여기는 스위스니까.

벨베데르 호텔

맥주와 육회와 토스트를 앞에 놓고 한 시간 동안 머물며 에너지를 보충한 후 다시 길을 나섰다. 우리가 일어선 자리에는 방금 도착한 트레커들이 자리를 잡고 앉았다. 마을 한가운데로 차량 통행이 많은 도로가 관통하고 있어 그다지 쾌적하진 않은 이세르 마을이지만, 이 레스토랑만큼은 TMB를 걷는 사람들을 모조리 맞아들이는 혜택을 누리는 듯하다.

도로는 계속 북으로 달려 고속도로와 합류하면서 제네바까지

1

2

투르 드 몽블랑 | 일곱째 날

3

4

1. 이세르 마을에서 고도 차 400m의 가파른 산길을 오르고 나면 샹펙스 마을에 이른다
2. 샹펙스 호수의 평화로운 정경 3. 예쁘다는 느낌이 절로 드는 전형적인 스위스 시골마을 풍경 4. 우리의 도시 근교 전원주택촌을 연상시키는 스위스 시골마을

이어질 것이지만, 우리는 이세르 마을이 끝나는 지점에서 왼쪽으로 난 산길로 올라선다. 라풀리 마을에서부터 줄곧 우리를 따라온 페레 강Dranse de Ferret도 북으로 북으로 흘러 다른 큰 물줄기와 합쳐지며 제네바의 레만 호수Lac Leman로 흘러들 것이지만, 우리는 이세르 마을 끝자락에서 페레 강과도 이별한다.

좁은 산길로 들어서면서 평소와는 달리 호흡이 거칠어졌다. 라풀리 마을을 떠나고부터 완만한 내리막길에 몇 시간 길들여진 온몸이, 갑작스레 가파른 오르막을 만나며 당황한 모양이다. 오후 두 시의 한여름 햇살 아래에서, 육회와 생맥주를 흡입하여 포화된 육신은 물 먹은 스펀지처럼 늘어진다. 두 시간 같은 이십 분이 지난 후 경사는 완만해지고 거칠었던 숨결은 다소 누그러졌다.

반가운 나무그늘과 숲 속 오솔길을 걸으며 꽤 올랐다고 여겨지는 즈음, 전망대라 불려도 될 만한 위치에 이르러 배낭을 내려놨다. 큼직한 탁자 옆에 기다란 벤치 주변으로 대여섯 명의 트레커들이 모여 서로 사진 찍어주기에 여념이 없다. 이세르 마을과 3킬로미터 떨어진 이웃 오르시에르Orsières 마을이, 옹기종기 밀집된 집들과 함께 산 아래에서 그윽한 정경을 보여주고 있다. 이세르 마을을 지나던 자동차들은 저 아래 마을길을 따라서, 오늘 우리의 목적지인 샹펙스까지 가거나 아니면 제네바 등 스위스의 여러 도시로 나갈 것이다.

잠시 후 길을 나서면 버섯 위에 다람쥐가 서 있는 형상의 나무 조형물이 눈길을 끈다. 통통한 체구와 큰 뿔이 인상적인 사슴이 있었고, 버섯 위에 지팡이 두 개를 짚고 선 두꺼비가 나타나고, 남근을 연상시키는 나무 조각 옆에 산토끼 한 마리가 능청스럽게 서 있기도 했다. 나무를 깎아 만든 동물 조각들이 군데군데 배치되어 있는 독특한 숲길이다. 줄 하나에 기대어 수십 미터를 오르는 암벽 등반 현장을 바로 옆에서 지나고, 홀연히 나타난 아스팔트 도로를 건너 잠시 숲길을 지나고 나면 이윽고 전망 좋은 야외 카페와 만난다.

이세르 마을을 벗어난 지 한 시간 사십 분 걸려, 호반도시 샹펙스의 초입에 위치한 벨베데르 호텔Hôtel Belvédère에 도착했다. 호텔 앞 자그마한 정원을 차지한 야외탁자들 중 하나에 자리를 잡고 앉았다. 스위스로 넘어와 이틀째 접하는 여느 카페나 호텔 건물들처럼, 발코니나 창가 주변은 온갖 아기자기한 화분과 꽃들로 예쁘게 치장되어 있다. 멀리 몽블랑 설산들은 아래 쪽 녹색의 숲과 대비되며 변함없이 눈부신 자태를 뽐내고 있다. 맑고 화창한 여름날의 오후 세 시 반, 목젖을 타고 위와 장으로 번지는 콜라 한 잔이, 온몸에 송골송골 맺었던 땀방울들을 서늘하게 식혀준다.

샹펙스 호수

벨베데르에서 도로 따라 잠시만 올라가면 호반도시 샹펙스Champex가 전체 모습을 드러낸다. '도시'라고 하기엔 적은 규모지만 '타운' 정도의 고급 휴양지의 이미지를 풍긴다. 본옴므 고개 아래에

스위스의 아름다운 산골마을들을 여럿 지나는 날이다. 사진은 프라즈 드 포르 마을

서의 조베 호수Lacs Jovet에 이어 두 번째 만나는 알프스 호수이다. 설산 아래의 해발 2,194미터 위치에서 고요했던 조베 호수와는 큰 차이를 보인다. 해발 1,466미터의 샹펙스 호수는 녹음 짙은 주변 산들에 둘러싸여 안락한 분위기였고, 수많은 리조트 건물들과 다양한 복장의 사람들이 어우러져 다채로운 느낌이다.

이세르 마을에서 해발 400미터를 올라온 것뿐인데, 사바세계에서 천상의 세계로 발을 들인 것 같은 착각을 일으킨다. 페달을 밟는 2인용 보트 십여 대가 호수 위를 한가로이 떠다니고, 둑 여기저기에는 낚시대를 드리운 사람들이 졸린 눈으로 앉았거나 호수 너머 산비탈을 바라보고 있다. 기다란 벤치에서는 남자의 어깨에 기댄 젊은 여자의 뒷모습이 마냥 행복해 보인다. 한쪽에서는 폼나게 차려 입은 일단의 오토바이 족들이 굉음을 내며 달려오다 호숫가 앞에서 일제히 멈춰 선다.

도로를 따라 걷다가 우리도 호수가 끝나는 지점에 잠시 멈췄다. 우체국 건물 앞 그늘을 찾아 배낭을 내려놓고는 바로 옆 마트에 들어가 큼직한 아이스크림 두 개를 사왔다. 7월이 시작되는 첫 일요일 오후 네 시였다. 샹펙스 우체국 앞에 널브러져 앉아 호수를 바라보며 안 박사와 둘이 핥아 먹었던 스위스 아이스크림의 맛, 오래 기억될 것 같다.

봉아브리 산장

샹펙스 우체국 앞을 떠나 숙소인 봉아브리 산장Auberge Gîte Bon Abri까지 찾아오는 데는 사십 분이 걸렸다. 멀리 보이는 설산과 함께 주변 정경이 아름다운 샹펙스 고개Col de Champex를 넘어 인적이 사라진 산기슭에 자리하고 있었다. 식당auberge과 숙소gîte를 겸하는, 지금까지 거쳐온 여느 '산장refugio'이나 똑같은 다인실 숙소였다.

군부대 세면장처럼 넓은 샤워 공간에 빨래를 손쉽게 할 수 있도록 만든 실내 배치가 다른 숙소들과의 특별한 차이점으로 보인다. 오후 다섯 시이지만 알프스의 여름은 낮이 길어 태양은 여전히 중천이다. 화창한 하늘 아래 길게 늘어선 빨래줄을 다른 트레커들이 독차지하기 전에 우리가 먼저 선점해야 했다. 서둘러 배낭을 해체하고 쉰내 나는 온갖 의류들을 모조리 끄집어냈다. 대대적인 손빨래 작업이 시작되었다. 샤워하면서 양말이나 내의를 주물럭주물럭 몇 번 하고 대충 털어 널던 지금까지의 빨래 방식과는 차원이 다른 대대적인 작업이었다.

어린 시절 소매에 묻힌 코딱지처럼 견고하게 붙어 있던 판초우의와 바지의 흙 자국들이, 거센 수돗물과 가열찬 내 손놀림에 무참하게 뜯겨나갔다. 배낭 속에 구겨져 있던 거의 모든 퀴퀴한 것들이 기다란 빨래줄 하나에 일렬종대로 널어져 기분 좋게 살랑거렸다. 나보다 먼저 빨래 작업을 해치우고 벤치 위에 길게 널브러진 안 박사가 오늘도 변함없이 늘 하던 표현대로 한 마디를 내뱉었다.

"아~ 상무님. 너~무 행복하네요."

일곱째 날
라풀리와 샹펙스 호수

전 구간 중 가장 쉬운 구간이면서, 코스 전체를 대중교통으로 이동할 수 있는 유일한 날이다. 그러나 동화 속 스위스 산속 마을들을 만나려면 걸어야 한다. 레우슈를 제외하면 전체 10일 중 규모가 큰 마을을 세 번 만난다. 프랑스 레콘타민과 이탈리아 쿠르마예르 그리고 오늘 코스의 종점인 스위스의 샹펙스다.

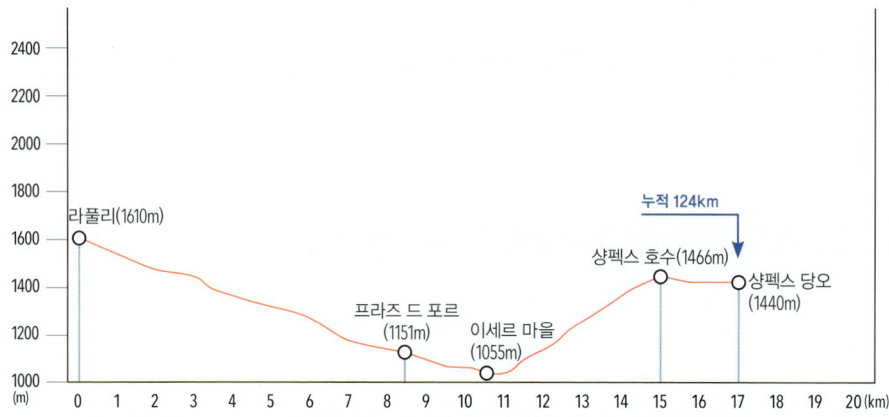

거리 17km 최고 고도 샹펙스 호수 1466m 최저 고도 이세르 마을 1055m 소요 시간 트레킹 6시간 + 이세르 마을 점심 1시간 = 총 7시간 구간별 라풀리(1610m) 8.5km → 프라즈 드 포르(1151m) 2km → 이세르(1055m) 4.5km → 샹펙스 호수(1466m) 2km → 샹펙스 당오(1440m)

📍 경유지 정보

에델바이스 호텔 라풀리 마을의 여러 개 숙소들 중 하나이다. 가까이에 버스 정류장이 있어서 다음 목적지인 샹펙스까지, 몸이 힘들거나 시간이 모자라면 버스를 타고 가기도 한다. 그러나 버스를 타고 갈 경우 멋진 스위스 산골마을들을 연이어 만날 기회를 놓친다. 주변에 대형 슈퍼마켓도 있다. 가이드북에는 샹펙스까지 가는 오늘 코스를 '가장 쉬운 구간'이라고 소개하고 있다.

인공 호수 댐 에델바이스에서 북쪽으로 500m 지점에 위치한 발 페레 그랑호텔 앞에서 TMB 이정표를 따라 숲속길로 들어서면 잠시 후 수문을 겸하는 댐을 지난다.

프라즈 드 포르 숙소 에델바이스를 출발한 지 두 시간 반 만에 도착하는 마을이다. 전형적인 스위스 마을 작은 동네들을 차례차례 지나간다. 서울 근교의 전원주택촌을 연상시킨다.

이세르 마을 산골마을과 초원을 벗어나면 차량이 지나는 도로와 만난다. 이 도로가 만나는 이세르 마을 복판에 샤텔 레스토랑이 있다. 대부분의 트레커들이 지나다 멈추어 점심을 먹고 가거나 잠시 앉았다 간다. 오르막을 앞두고 있기 때문에 휴식이 필요하다.

벨베데르 호텔 이세르 마을을 벗어나면 한동안 힘든 산속 오르막이다. 이세르 마을과 3km 떨어진 이웃 오르시에르 마을을 내려다보면서 걷는 산길이다. 다람쥐나 사슴 또는 두꺼비 등 다양한 형상의 목재 조각들이 군데군데 배치되어 눈길을 끈다. 이세르 마을을 벗어난 지 1시간 40분 후 오르막이 끝나면서 샹펙스의 초입에 위치한 벨베데르 호텔과 만난다. 호텔 앞 정원에 위치한 야외 카페에서 잠시 한숨 돌리고 가는 게 좋다.

샹펙스 호수 본옴므 고개 아래에서의 조베 호수에 이어 두 번째 만나는 알프스 호수이다. 호수를 끼

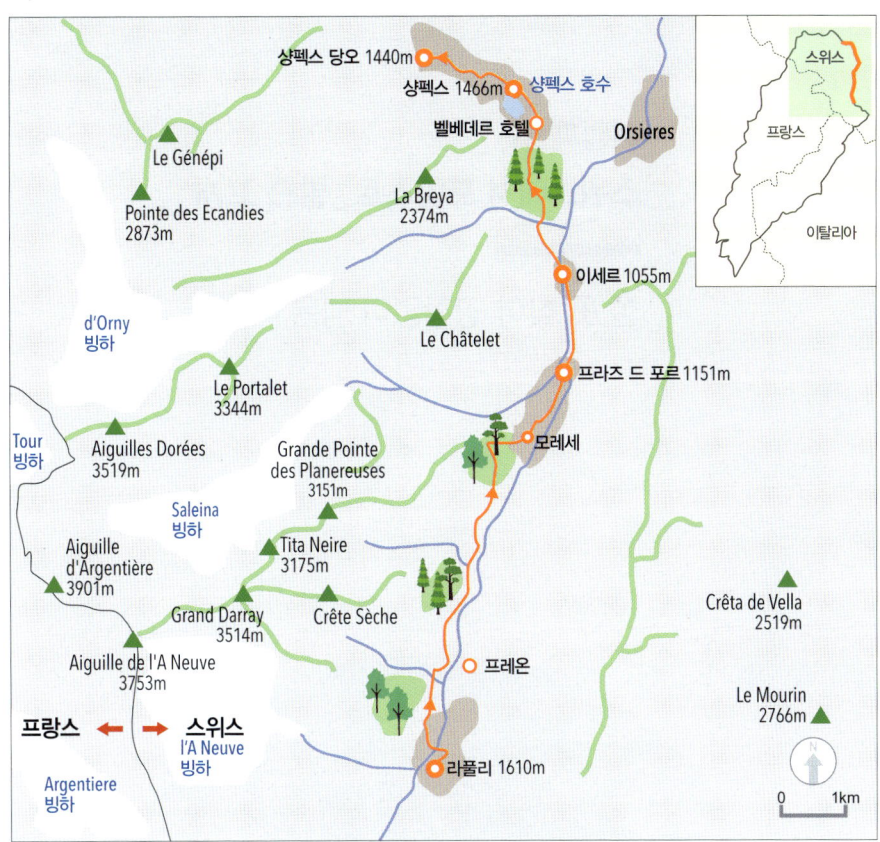

고 수많은 리조트 건물들과 상가들이 즐비하게 늘어섰고 주변을 거니는 사람들 모습도 전형적인 알프스 휴양지 분위기를 보여준다.

📍 길찾기 유의사항

전체적으로 길찾기 쉬운 코스이나 프라즈 드 포르에서 이세르 마을로 나오는 과정에서 약간 혼선이 있을 수 있다. TMB 안내판을 주의깊게 찾아보며 따라가는 수밖에 없다.

📍 숙박 시설

샹펙스

벨베데르 호텔 Hôtel Belvédère
전화번호 +41(0) 277 831 114

클럽알핀 지트 Gîte au Club Alpin
전화번호 +41(0) 277 801 414
홈페이지 www.auclubalpin.ch

자르딩알핀 산장 Chalet du Jardin alpin(Alpin Flore-Alpe Botanical Garden)
전화번호 +41(0) 277 831 217 **영업 시기** 5~10월
이메일 chalet@flore-alpe.ch
홈페이지 www.flore-alpe.ch

앙플랭네르 팬션 Pension En Plein Air
전화번호 +41(0) 277 832 350 **영업 시기** 6~9월 중순
이메일 pensionenpleinair@bluewin.ch
홈페이지 www.pensionenpleinair.ch

봉아브리 산장 Gîte Bon Abri
전화번호 +41(0) 277 831 423 **영업 시기** 6~9월
이메일 contact@gite-bonabri.com
홈페이지 www.gite-bonabri.com

📍 식사

이세르 마을이 점심 식사하기에 가장 적합하다. 마을 길거리의 샤텔 레스토랑이 좋았다. 샹펙스 입구까지만 가면 레스토랑 카페들이 많다.

여덟째 날,
스위스에서 프랑스로, 발므 고개

잘 곳 찾아 경황없이 넘은 국경

TOUR DU MONT BLANC

    UTMB는 '울트라 트레일 몽블랑Ultra-Trail du Mont Blanc'의 이니셜이다. TMB 전체 또는 일부 구간을 대상으로, 정해진 시간 안에 두 발만으로 달려 주파하는 산악마라톤 대회이다. 2003년부터 실시되어 세계적으로 많이 알려져 있다. 대회가 열리는 매년 8월 말은 프랑스, 이탈리아, 스위스 3개국의 알프스 산골마을들이 온통 들썩인다고 한다.
    지난 일주일 동안, 반바지 차림에 조그마한 배낭만 짊어진 마라톤맨들이 수도 없이 우리 옆을 스쳐 달렸다. 곧 있을 UTMB 대회에 참여하기 위해 훈련 중이거나 그냥 단순히 즐기기 위해 일정 구간을 뛰던 이들이었을 것이다. 그들 얼굴에선, 흔히 볼 수 있는 마라톤맨들의 고된 표정이라곤 찾아볼 수 없었다. 한결같이 웃고 쾌활하고 심지어 장난스럽기까지 한 표정들이었다.
    봉아브리 숙소 레스토랑 벽에 붙어 있는 UTMB 홍보 포스터가 엊저녁부터 눈길을 끌었다. 출발하던 날 아침에 샤모니 거리에서 흘깃 보며, '근사하다'고 느꼈던 포스터였다. 하얀 설산을 배경으로 세 명의 남녀 선수가 아침 햇살을 받으며 거친 산길을 달리는 장엄한 모습을 담았다. 마치 스펙터클한 할리우드 영화의 포스터를 보는 느낌이다.

8월 22일부터 일주일 간 열리고 87개국 7천5백 명의 선수들이 참여한다는 문구도 있다. 구간 거리를 달리하는 5개의 종목 이름도 명시되어 있다. 주종목인 'UTMB'는 안 박사와 내가 십 일간 종주하는 170킬로미터 한 바퀴를 단 46시간 안에 주파해야 완주가 인정된다. 절반 좀 넘는 구간인 101킬로미터를 달리는 종목도 있다. 며칠 전 지나온 이탈리아 쿠르마예르Courmayeur에서 출발해, 이곳 스위스 샹펙스Champex를 거쳐 프랑스 샤모니Chamonix까지이다. 세 도시의 이니셜을 따서 'CCC'라 불리고, 완주 제한시간은 26시간이다. 거리가 가장 짧은 종목은 55킬로미터를 달리는 'OCC'이다. 마찬가지로 세 기점 도시나 마을의 이니셜을 땄다. 어제 산속에서 내려다본 마을 오르시에르Orsières에서 출발해 샹펙스를 거쳐 샤모니까지 55킬로미터를 14시간 안에 주파하는 것이다. 이 세 가지 종목 외에도 119킬로미터-33시간의 'TDS'와 290킬로미터-152시간의 'PTL'이 있다.

산악자전거를 타고 휘리릭 휘파람 불며 우리 옆을 잽싸게 지나가던 사이클 족들도 많이 있었다. 이틀 전 아침 엘레나 산장에서 UTMB 훈련을 출발하던 열 명의 남녀도 떠오른다. 사이클족이건 마라톤맨이건 우리 옆을 휙 지나가면서 혀를 찼을지도 모른다.

'저렇게 큰 배낭 지고 굼벵이 같이 기어서 무슨 재미가 있을까?'

제비는 제비 나름의 삶이 있고, 토끼는 토끼 나름의 즐거움이 있듯이 굼벵이도 마찬가지일 것이다.

아침 여덟 시에 봉아브리 숙소를 나섰다. 퀴퀴했던 빨래감들에서 온갖 노폐물들이 빠져나가고 밤사이에 파삭파삭 마른 덕택인지 배낭의 무게는 한결 가벼워진 느낌이다. 난생 처음 스위스에 들어와 그림 같은 알프스 시골길을 걷다가, 오늘은 사흘 만에 다시 프랑스 땅으로 넘어가는 날이다. 두 나라의 국경인 발므 고개Col de Balme에 있는 산장에 묵을 예정인데, 숙소 예약 없이 무대포로 가는 게 약간은 찜찜하다.

어쨌거나 오늘은 TMB 종주 열흘 중 가장 힘든 여정이 될 것이다. 산을 두 번 넘어야 하고, 두 번의 해발고도 차이를 합치면 2,000미터에 가깝다. 한라산 백록담을 하루에 두 번 오르고 내리는 만큼의 에너지가 필요할 것이다. 샹펙스 앞에는 해발 2,814미터의 아르페트 산Clochers d'Arpette이 놓여 있고, 발므 고개까지 가는 방법은 두 가지이다.

산의 오른쪽 능선을 타고 보다 완만하게 넘는 첫 번째 길이 있고, 산 왼쪽으로 험난한 고개를 넘어가는 두 번째 길이 있다. 전자는 보빈 목장Alpage de Bovine을 지나 해발 2,040미터의 고개를 넘고, 후자는 해발 2,665미터의 거친 너덜길인 아르페트 고개Fenetre d'Arpette를 넘어야 한다. 케브 레이놀즈의 가이드북은 전자의 능선 길을 정규코스로 소개하고, 후자는 대체코스로 정하고 있다.

거리는 더 길지만 우리가 보빈 목장으로 가는 전자를 택해야

↑ 식목한계선을 넘어가는 가파른 오르막길. 사이클 팀들은 신나게 내려오고 있고, 나는 낑낑거리며 오르고 있다

↑ 샹펙스에서 보빈 목장으로 오르는 길은 몹시 가파르다. 홍콩인 트레커 부부

하는 이유는 세 가지이다. 후자를 택하면 샹펙스 쪽으로 어제 온 길을 이십여 분 되돌아가야 한다는 게 첫 번째 이유이다. 저 산을 넘고도 발므 고개까지는 다시 해발 900미터를 더 넘어야 해서 에너지를 아껴야 한다는 게 두 번째 이유이다. 세 번째는 단순하다. 정규 코스이기 때문이다.

숙소였던 봉아브리 산장은 샹펙스에서 이십여 분 지나온 샹펙스 당오Champex d'en haut 동네에 속해 있다. 숙소에서 이십 분 벗어나면 이웃 동네 샹펙스 당바Champex d'en Bas임을 알리는 이정표를 지난다. 차가 다닐 수 있는 우둘투둘한 포장도로를 벗어나 좁은 오솔길로 접어든다. 완만한 내리막을 따라 해발 고도는 조금씩 낮아지고 있다. 곧이어 해발 1,330미터를 알리는 플랑드로Plan de l'Au 이정표를 만나 잠시 멈춘다. 샹펙스 호수Champex-Lac에서 한 시간 이십 분 거리만큼 멀어졌고, 보빈Bovin까지 두 시간 반, 산 너머 포르클라즈 고개Col de la Forclaz까지 세 시간 반 거리임을 알려준다.

다시 포장도로를 만나면서 오르막이 시작되고 언덕 위에는 목조주택 몇 채가 옹기종기 모여 앉아 있다. 다섯 명의 산악 마라톤맨들이 '봉쥬르!' 인사와 함께 스틱을 흔들어대며 힘차게 뛰어 지난다. 이제부터 세 시간 가까이는 오르막이 계속 이어질 것이다. 가장 힘들고 험난할 것 같은 하루가 본격적으로 시작되고 있다.

보빈 목장

다시 만난 포장도로를 벗어나 울창한 숲길로 들어섰다. 그늘

지고 넓은 오솔길이지만 앞서가는 안 박사의 큼직한 배낭이 내 등에 인 것처럼 힘겹게 느껴진다. 평소라면 힘이 부치기엔 아직 이른 시간인데 발걸음은 한없이 무거워진다. 숙소 떠날 때만 해도 가뿐했던 배낭의 무게가 점점 어깨를 짓눌러온다. 간밤 푹 쉬었다고 하지만 어찌 되었든 8일째로 접어든 것이다. 온몸의 기력이 매일 조금씩 고갈되어 왔을지도 모른다.

물줄기가 약한 개울가를 건너며 오르막은 더 가팔라졌고 그늘은 사라졌고 길은 더 울퉁불퉁해졌다. 오른쪽 경사면 아래로 우리가 지나온 계곡 바닥이 아득한 풍경사진이 되어간다. '언제 저기서 여기까지 다 올라왔을까?' 새삼 스스로 대견해진다. 새삼스레 인간의 한 발자국 한 발자국의 힘을 실감하게 한다.

오솔길을 가로질러 노란 줄 하나 걸어놓고는 '문을 닫아주세요Please close the gate'라는 헝겊 팻말을 걸어놓았다. 그 옆에는 같은 뜻으로 보이는 프랑스어 'SVP fermez la poignee'도 나란히 걸려 있다. 노란 줄을 들어 지나고 나서 도로 걸어놓으라는 뜻이다. 저 위에 살고 있을 소나 양들은 이런 헐렁한 줄 하나만으로도 가출을 시도하지 않을 만큼 착한가 보다.

수목한계선을 지난 건지 큼직한 고사목 몇 개만 서 있고, 녹색의 울창한 나무숲은 하나같이 우리보다 아래쪽으로만 깔렸다. 시야가 확 트이는 순간 멀리 설산이 나타났고 눈앞에는 녹색의 초원이 펼쳐졌다. 이마와 등줄기를 타고내리며 온몸을 흥건히 적셨던 땀방울들이 서늘하게 식어간다. 봉아브리 숙소를 출발한 지 세 시간 만에 보빈 목장Alpage de Bovine에 도착했다.

가파른 오르막이 끝나며 수목한계선을 넘으면 완만한 초원 위에 보빈 목장이 있다(카메라 뒤쪽). 오른쪽으로 론 계곡이 펼쳐졌고 스위스 도시 마르티니가 내려다보인다

젖소나 양은 보이지 않고 조그만 말 두 마리만 한가로이 우리를 맞는다. 기다란 축사 건물이 보이지만 목장alpage이라기보다는, 그저 해발 1,987미터 근사한 곳에 위치한 휴식처이자 카페이다. 노랑 빨강 주홍색 파라솔이 야외탁자 위에 펼쳐져 있고 그 아래에는 이십여 명의 트레커들이 자리를 잡고 앉아 먹거나 마시며 휴식을 취하고 있다. 먼저 와 자리 잡은 안 박사가 가운데 쪽 탁자에 앉아 손 들어 환영해준다.

"아무래도 안 되겠어."

"왜요?"

"이 산 내려가면 배낭 운반해줄 데 있나 찾아보자."

"그럴까요?"

"내일 락블랑까지 가려면 오늘 힘을 좀 남겨두는 게 맞겠어."

말로는 '내일을 위한 거'라고 얘기하지만 실제는 오늘 당장의 문제였다. 해발 700미터를 내려간 후 발므 고개까지 다시 900미터를 치고 오르기에, 지금 내 상태로는 아무래도 힘이 부칠 것 같고 자신도 없어진다.

콜레 포르탈로

잠깐 요기를 하고 자리를 일어났다. 시간은 열한 시 반이지만 갈 길이 까마득한 만큼 마음이 조급해진다. 눈앞에 보이는 고개 정상까지는 이십여 분 거리이다. 발자국을 옮길수록 뒤통수가 가렵고 자주 고개 들어 뒤를 돌아보게 된다. 일찍 떠나오기에 보빈 목장은 너무나 아까운 곳이다. 목장 왼쪽으로 가파른 내리막이 펼쳐진 바닥에 소도시 마르티니Martigny와 드넓은 계곡 평원이 길쭉하게 펼쳐진다. 평원 뒤로 까마득한 곳에서는 봉우리만 하얗게 치장한 설산들이 병풍처럼 둘러쌌다.

지도상으로 보면 마르티니는 특별한 도시이다. 엘L자로 꺾인 론Rhone 계곡 평원의 가운데 꼭짓점에 위치하면서, 알프스의 깊숙한 산골마을들을 대도시 로잔Lausanne과 제네바 등지로 연결해주는 분기점인 것이다. 알프스 서쪽 산군에서 녹아내린 빙하수를 모조리 론Rhone강으로 받아내어, 광대한 레만Leman 호수로 흘려보내주는 분기점이기도 하다.

고개 들어 시선을 오른쪽으로 돌려보면 거대한 설산 그랑콩뱅Grand Combin의 봉우리가 정오의 햇살에 반사되어 반들반들하게 빛난다. 페레 고개를 넘어서부터 자주 바라보던 저 설산도 잠시 후 보빈의 마지막 고개를 넘어서면 영영 나의 시야에선 사라질 것이다. 능선을 타고 고불고불 길게 늘어진 오솔길을 마지막 힘을 짜내어 올랐다. 해발 2,040미터의 콜레 포르탈로Collet Portalo에 이르렀다. 목장을 경계 짓는 울타리 사이에 단단한 철봉을 엮어 조그만 출입문을 설치해놓았다. 그랑콩뱅의 마지막 모습을 한 번 더 돌아본 뒤 목장 관문을 건넜다.

↑ 포르클라즈 고개를 벗어나는 능선 길. 마주보이는 숲에 가파른 내리막길이 기다리고 있다

↑ 포르클라즈 고개에서 내려와 르푀티 마을로 가는 길은 들꽃이 만발했다

포르클라즈 고개

　　기분 좋은 내리막이 시작되었다. 게다가 울창한 숲 속 오솔길이다. 발걸음을 옮겨갈수록 오전 동안의 노고가 조금씩 씻겨 내려가는 느낌이다. 산악자전거를 끌고 낑낑거리며 올라오는 개인이나 팀들과 자주 마주친다. 조금만 참고 올라가면 저들은 콜레 포르탈로 철봉 문에서부터 능선 내리막을 따라 신나는 라이딩을 시작할 것이다. 한 시간 후에 샹펙스 호숫가에 앉아 있을 자신들의 모습을 상상하며 짜릿해하고 있을지도 모른다. 카메라를 들이대는 나를 향해 한 손 들어 포즈를 취해주기도 한다.

　　오늘 구간은 산악자전거족들이 유독 많이 지나고 있다. 그러고 보면 포르클라즈 고개에서 샹펙스 호수까지는 길 상태나 주변 정경으로 볼 때 최고의 라이딩 코스가 되겠다. 거기에다 아스팔트 차도를 따라 샹펙스 아래 오르시에르Orsières와 마르티니Martigny를 연결하면 포르클라즈 고개까지 한 바퀴, 환상의 순환코스가 될 것이다.

　　숲길이 끝나며 능선 아래 드넓은 목초지가 펼쳐진다. 풀을 뜯는 십여 마리의 검은 젖소들이 화창한 햇살을 받아 번들번들 윤기가 넘친다. 첫날 트리코 고개Col de Tricot 넘어 트뤽 목장Auberge du Truc에서 들었던 그 젖소들의 워낭소리가 정겨운 화음으로 다시 귓전을 울린다. 목장의 가장자리 능선은 곧이어 아스팔트 도로로 이어지고 한적한 고개 마을 포르클라즈Forclaz와 만난다.

　　자동차 길은 동쪽의 마르티니Martigny에서 올라왔고 서쪽의 샤모니까지 이어져 내려간다. 스위스와 프랑스의 알프스 도시를 연결하는 산악도로 중심에 있는 마을이자 고개이다. 해발 2,040미터 콜레 포르탈로에서 출발한 지 한 시간 반 만이지만 중반 이후의 하산길은 너무나 수월하고 여유로웠다. 길가 레스토랑 야외 탁자에 여럿 트레커들이 점심을 먹고 있거나, 자전거를 세워둔 사이클족들이 한가롭게 주변을 서성이고 있다. 그늘진 곳에 배낭을 내려놓고, '해발 1,526미터 포르클라즈 고개Col de la Forclaz'임을 알리는 이정표 앞에서 갈 길을 확인한다.

르피티 마을

발므 고개 너머까지 배낭을 운반해주는 시스템은, 안 박사가 몇 군데 알아봤지만 포르클라즈 마을에는 없었다. 지도를 들여다봐도, 국경 산악지역까지 자동차 도로 따위는 뚫려 있지도 않을 것 같다. 두 시간 가까이 호젓한 숲 속 내리막길을 걸어온 터라, 보빈 목장까지 가파르게 올랐을 때의 그 힘겨움은 언제 있었느냐 싶게 잊었다.

유일하게 숙소 예약을 못 한 오늘은, 반드시 발므 고개까지는 올라가야만 내일 예약된 락블랑 산장까지의 일정에 차질이 없다. 계획적인 여행에는 가끔씩 이런 불편함이 있다. 아무런 예약 없이 자유롭게 왔다면, 전체 일정이 하루나 이틀쯤 늦어진다고 무슨 대수이랴. TMB 막바지의 오늘 같은 날은 이 정도에서 트레킹을 멈추고, 이런 아늑한 산골마을에서 반나절 느긋하게 쉬어가는 것도 좋은 것

1

2

3

1. 우리와 반대 방향으로 산악자전거를 타고 오르는 영국인 짐 씨 일행 2. 보빈 목장, 스위스 도시 마르티니가 한눈에 내려다보이는 위치다 3. 포르클라즈 고개를 떠나는 위치의 길 안내 표지판 4. 보빈 목장에서 잠시 쉬는 트레커들 5. 발므 고개로 오르기 전 숨 고르기를 해야 하는 포르클라즈 고개

이다. '십 일 안에 TMB를 종주한다'와 같은, 여행의 어떤 '목표'라는 건 이렇듯 '자유'에 대한 걸림돌이 되기도 한다. 물론 성취를 위한 동기부여의 의미가 더 중요하긴 하다.

오늘 여정 중 해발고도가 가장 낮은 르푀티Le Peuty 마을까지도 호젓한 내리막이다. 포르클라즈 고개를 떠날 때의 이정표에는 삼십 분 거리라는데 우리는 오십 분이 걸렸다. 발므 고개까지의 까마득한 오르막이 시작되기 전에, 마지막 내리막의 감미로움을 최대한 천천히 느끼고 싶어서였을 것이다. 르푀티는 산으로 둘러싸인 해발 1,326미터 분지에 듬성듬성 가옥들이 들어선 산골마을이었다. 풀 뜯는 소들 외에는 인적 없이 고요하기만 하다.

나무그늘을 찾아 배낭을 내려놓았다. 신발을 벗고 양말까지 벗었다. 고도 차 1,000미터를 올라야 하는데 한숨 자고 에너지를 보충한 다음에 출발하는 게 좋겠다. 오후 두 시인 만큼 어두워질 때까지는 여섯 시간의 여유가 있다. 기어가더라도 그 안에는 발므 고개에 있다는 그 산장에 도달은 하리라.

수목한계선 탁자

"상무님, 일어나시죠."

먼저 잠이 깬 안 박사가 신발을 신고 있다. 꿈결에서도 잔잔한 바람소리에 취해 무슨 멜로디인가를 무심코 흥얼거렸던 것 같다. 30분밖에 안 잤지만 서너 시간 지난 것처럼 온몸이 개운해졌다.

"난 쉬엄쉬엄 올라갈게. 앞에 가서 발므 산장에 자리 잡아둬."

"네, 천천히 오세요. 근데, 산장과 통화 안 된 게 영 찜찜해요."

낭누아르 하천Nang Noir을 건너고 뒤돌아보는 안 박사에게 두 손 흔들어주고, 나도 일어나 배낭을 둘러맸다. 계곡 너머로 거대한 트리앙 빙하Glacier du Trient가 오후의 햇빛을 받아 반짝거리고, 하늘 높이에는 조금 전 지났을 비행기 한 대가 하얗고 기다란 직선 한 줄을 그어놓았다.

빙하 옆 르포르탈레 산Le Portalet은 자기 딴에는 삼각봉우리를 도도하게 뽐내고 있지만, 해발 3,344미터임에도 수백 미터 높이의 우리 동네 앞산처럼 소박하고 친숙한 느낌이다. 르쀠티 마을에서 십 분 거리인 트리앙 마을을 살짝 둘러보고 올 걸, 하는 아쉬움을 뒤로 한 채 산 입구로 들어섰다. 계곡 사면을 따라 가파른 오르막이 꼬불꼬불 이어진다. 튀어나온 돌부리에 부딪히고 옹이진 나무뿌리에 걸려 넘어질 뻔하다가 다시 중심을 잡곤 했지만, 여느 때보다 특별히 거칠거나 험한 구간이라 할 수는 없다. 날 수로 종반부에 이르며 에너지가 고갈되다 보니 상대적으로 힘겹게 느껴지고 있을 뿐이다.

뒤에 오던 사람들이 하나둘 잰걸음으로 나를 추월하며 "봉쥬르!" 속삭여준다. 나는 그저 억지미소를 지으며 고개만 끄덕여주는 게 화답의 전부다. 울창한 숲에 가려 시야는 막혔지만 잔잔한 솔바람이 그나마 한 모금 청량제였다. 오 분 오르고 오 분 주저앉아 숨고르기를 수없이 반복하다 수목한계선 가까이 이르렀다. 숲에 가렸던 시야가 트이며 멀리 눈 덮인 발므 고개가 처음으로 모습을 드러냈다. 안 박사는 어디쯤인지 보이지도 않는다. 반가운 탁자가 하나 나타났고, 그 옆 의자 위에 배낭 내려놓고 큰 대자로 드러누웠다. 오후 네 시 반,

평소 같으면 삼십 분에 오를 거리일 텐데 두 시간 가까이 걸렸다.

발므 고개

수목한계선을 지나며 길은 잠시 완만해졌다. 두 시간 전에 지났던 트리앙 계곡Val de Trient의 바닥까지도 훤히 시야에 들어왔다. 듬성듬성 늘어섰던 르쾨티 마을의 가옥들도 여기선 촘촘하고 오밀조밀해 보인다. 발걸음을 옮길수록 길 주변 잡초들은 녹색의 생명력을 잃어가는 듯 누렇게 변해간다. 잡초들 사이사이로 아직 녹지 못한 겨울눈이 소담스럽게 쌓여 있다.

사람이 거주하진 않을 것 같은 야트막한 콘크리트 건물 옆에 노란색 TMB 이정표가 홀로 서 있다. 지명과 고도를 말하는 '레 에 바르제르Les Herbageres 2,036미터' 표기 위에, 르쾨티까지 내려가는 데 한 시간 이십 분이고 발므 고개까지 오르는 데는 삼십 분이 걸린다는 문구도 보인다. 르쾨티에서 여기까지 세 시간에 올랐으니, 고개까지는 한 시간 가까이 걸린다고 보면 될 것이다. 마지막 힘을 짜내며 한 걸음 한 걸음 발길을 옮겨간다.

발므 고개까지의 가파른 오르막에서는 두 번의 눈밭을 지났다. 역시 아이젠 없음을 염려하며 잔뜩 긴장해 건넜지만, 만에 하나 미끄러져 내려가도 그다지 위험하진 않을 지형이었다. 수목한계선 그 탁자에 앉았을 때 처음으로 지붕 모습을 드러냈던 발므 산장은 유령의 집처럼 고요했다. 스위스와 프랑스 두 나라 국경에 위치한 산장이니 만큼,

↑ 스위스가 끝나고 다시 프랑스로 넘어가는 발므 고개 앞이다. 멀리 몽블랑 정상이 보인다

숙박하려는 이들과 잠시 쉬어가는 이들로 북적여야 정상일 터이다.

해발 2,191미터 고개에 홀로 서 있는 회색 콘크리트 건물은, 외벽에 굳게 닫혀 있는 빨간색 덧창들로 하여 묘한 긴장감과 어딘가 스산한 분위기를 자아내고 있다. 건물 벽 한 켠에 기대앉아 한숨 고르고 있는데, 뒤쪽에서 문 여는 소리와 함께 나이든 남자가 나타났다.

"봉쥬르, 꼬레안?"

"어? 예예, 봉쥬르, 아임 꼬레안."

그가 건물 벽 한쪽을 가리켰다.

'뭐라는 거지?'

의아해하며, 그의 손가락이 향한 방향으로 일어서 다가가 보았다. 눈에 익은 필체의 노란색 메모지가 스카치테이프로 붙여져 있었다.

'요즘은 임시휴업이래요. 르투르 Le Tour 쪽으로 내려오세요.'

머릿속이 아득해졌다. 고도차 900미터를 올라오며 고단해진 육신을 이곳에서 하룻밤 편안히 쉬게 하리라 했던 기대가 와르르 허물어진다. '곧 한국인 한 명이 도착할 것이다. 이 산장에 오늘 저녁 머물 줄 알고 있다. 그가 오거든 이 메모를 꼭 좀 보게 해 달라' 안 박사가 했을 부탁을 충실히 들어준 산장주인에게 감사해하며 배낭을 둘러맸다. 잘 알아듣지는 못했지만, 내려가는 방향에 대해서 정성껏 더 얘기해주려는 그가 고마웠다.

샤라미용 산장

양쪽에 'SUISSE'와 'FRANCE'라고 새겨진 야트막한 돌기둥을 지나 프랑스 땅으로 발을 내디뎠다. 고개를 오르며 땀에 흠뻑 젖었던 온몸은 고지대의 매서운 초저녁 바람에 금세 서늘해진다. 곧이어 한기도 느껴진다. 발걸음을 빨리 움직이는 게 상책이다. 스위스 쪽을 향해 마지막으로 뒤돌아볼 기운도 없었고, 프랑스 쪽으로 그윽이 펼쳐진 몽블랑 산군들을 감상할 여유도 없었다.

시간은 이미 여섯 시 반을 넘기고 있다. 어서 빨리 안 박사와 만나야 한다는 마음뿐이었다. 발 밑으로 펼쳐진 하산길은 눈밭이 없어 다행이었고, 인적은 없었지만 험하진 않았다. 완만하게 펼쳐진 능선을 따라 구불구불 이어지는 흙길을 총총걸음으로 내려갔다. 발므 산장에 도착해 배낭을 내릴 때만 해도 더 이상은 못 걸을 것이라 여겼는데, 사람의 몸에는 비상 에너지라는 게 어딘가에는 반드시 저장이 되어 있는 모양이다.

삼십 분쯤 내려왔을까. "상무님~!" 저 아래 중턱에 보이는 건물 옆에 홀가분한 차림의 안 박사가 두 손을 흔들어대고 있다. 해발 1,920미터의 샤라미용 산장 Alpages de Charamillon이다. 다행히 빈 숙박 자리가 있었던 모양이다. "휴우~" 안도의 한숨이 절로 나왔다. 길고 긴 터널을 막 벗어난 것처럼 눈앞이 시원해졌다. 아침 여덟 시에 봉아브리 산장를 출발했으니 열한 시간 동안의 긴 여정이었다.

> 여덟째 날
> 스위스에서 프랑스로, 발므 고개

국경을 넘는 세 번 중 마지막이다. TMB 루트는 북동에서 남서쪽으로 길쭉하게 기울어진 포물선 모양이다. 3일차 날 레샤피유 마을에서 남서쪽 꼭짓점을 지났고, 오늘은 르푀티 마을의 북동쪽 꼭짓점을 통과하는 날. 해발 700m를 오르고 내린 후 다시 해발 900m를 오르는, 10일 중 가장 힘든 코스였다.

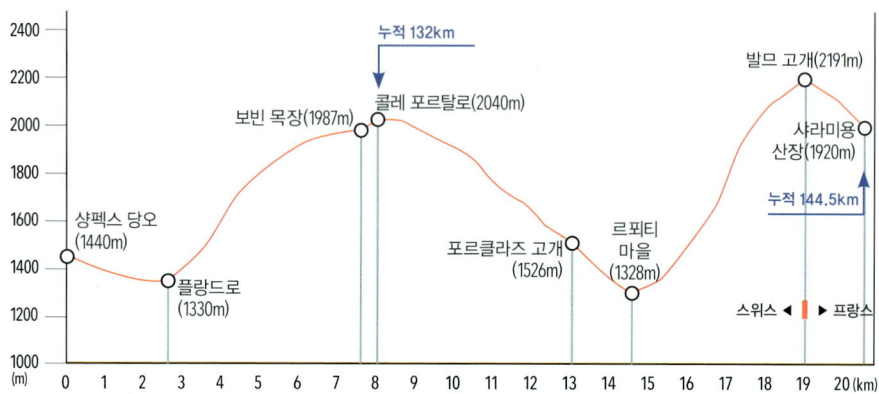

거리 20.5km 최고 고도 발므 고개 2191m 최저 고도 르푀티 마을 1328m 소요 시간 트레킹 11시간 + 보빈 목장 휴식 30분 + 포르클라즈 점심 30분 + 르푀티 휴식 30분 = 총 12시간 30분 구간별 샹펙스 당오(1440m) 2.5km → 플랑드로(1330m) 5km → 보빈 목장(1987m) 0.5km → 콜레 포르탈로(2040m) 5km → 포르클라즈 고개(1526m) 1.5km → 르푀티(1328m) 4.5km → 발므 고개(2191m) 1.5km → 샤라미용 산장(1920m)

📍 경유지 정보

봉아브리 산장 호수에서 떨어진 외곽이라 한적하지만 밀린 빨래를 한꺼번에 하고 널기에 좋았다. 이곳에서 포르클라즈 고개까지 가는 길은 보빈 목장을 넘는 정규코스를 택하는 게 좋다.

보빈 목장 샹펙스 당오와 샹펙스 당바를 지나 두 시간 반 정도 오르막 산길을 오르면 시야가 확 트인 초원이 나타나며 목장 겸 카페 하나가 자리 잡고 있다. 목장 아래로 깊고 드넓은 계곡 평원이 펼쳐졌고 그 위에 스위스 도시 마르티니가 보이는 전망 좋은 위치이다.

콜레 포르탈로 보빈 목장의 울타리가 있는 가장 높은 지점의 고개이다. 고개를 넘으면 편안한 숲속 내리막길이 당분간 계속되고, 그동안 자주 봐왔던 설산 그랑콩뱅도 시야에서 벗어난다.

포르클라즈 고개 자동차 도로가 동쪽의 마르티니에서 올라와 서쪽의 샤모니까지 이어져 내려가는 중간 마을이다. 길가에 작은 카페 겸 레스토랑이 있다. 내일 오전까지는 상가를 만날 수 없으므로 점심을 먹고 가는 게 좋다.

르푀티 마을 사방이 산으로 둘러싸인 분지이고 오늘 여정 중 해발고도가 가장 낮은 지점이다. 발므 고개까지 힘든 오르막이 시작되므로 르푀티 마을 끝자락에서 잠시 쉬어가는 게 좋다.

수목한계선 탁자 낭누아르 하천을 건너며 오르막이 시작된다. 한 시간이면 충분히 올라올 수 있는 거리인데 트레킹 8일째이다 보니 꽤 힘이 부쳤다.

발므 고개 국경을 넘는 세 번 중 마지막인, 스위스에서 프랑스로 넘어가는 고개이다. 고개 위에 발므 산장이 있다. 유일하게 그곳만 예약을 못하고 갔는데 우리가 갔던 6월 말에는 임시 휴업이었다. 몽블랑과는 TMB 루트에선 가장 멀리 떨어진 위치이다.

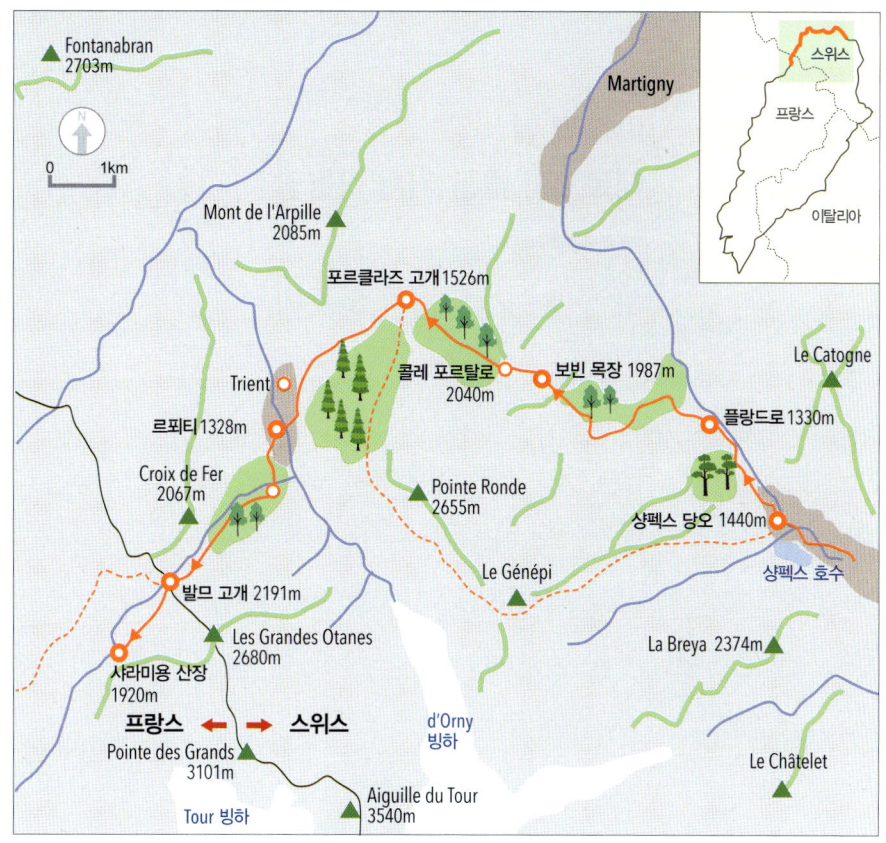

길찾기 유의사항

전체적으로 길 찾아가기는 어렵지 않은 코스이나 포르클라즈 고개에서 르푀티 마을로 내려오는 도중에 약간 혼선이 있을 수 있다. 발므 고개에 숙소 예약이 되면 좋고, 만약 아니라면 고개 너머의 숙소 내려가는 길을 미리 인지하고 가는 게 좋다.

숙박 시설

샹펙스

아르페테 산장 Relais d'Arpette
전화번호 +41(0) 277 831 221
영업 시기 6~9월 이메일 info@arpette.ch
홈페이지 www.arpette.ch

포르클라즈

포르클라즈 호텔 Hotel de La Forclaz
전화번호 +41(0) 277 222 688 영업 시기 12월 중순 ~익년 11월 중순 이메일 colforclazhotel@bluewin.ch 홈페이지 www.coldelaforclaz.ch

트리앙

르푀티 산장 Refuge Le Peuty
전화번호 +41(0) 787 192 983 영업 시기 6월 중순 ~9월 중순

몽블랑 산장 Auberge Mont-Blanc
전화번호 +41(0) 277 671 505 영업 시기 6~9월
이메일 booking@aubergemontblanc.com
홈페이지 www.aubergemontblanc.com

발므 고개

발므 고개 산장 Refuge du Col de Balme
전화번호 +33(0) 607 061 630 영업 시기 6~9월

샤라미용 산장 Gîte d'Alpage Les Ecuries de Charamillon
전화번호 +33(0) 450 541 707 영업 시기 6~9월 중순 이메일 adelecharlet@hotmail.fr

식사

보빈 목장과 포르클라즈 고개에서 점심을 사 먹을 수 있다.

아홉째 날,
테트오방 돌탑 거쳐 락블랑

하얀 호숫가 달콤한 하룻밤

"알프스에서 가장 친절한 아줌마네요."

오늘 아침 샤라미용 산장의 여주인에 대해 안 박사가 내린 결론이다. 산장 주변 설산들의 이름이나 락블랑까지 가는 길에 대해 또는 잡다한 이런저런 질문에 대해서도 정성을 쏟아 설명해주는 모습이 아주 인상적이긴 했다. 안 박사를 감동시킨 건 역시 어제 막 도착했을 때의 여주인 태도였던 모양이다.

거의 나처럼 힘겨운 발걸음으로 발므 고개에 올랐을 그가, 산장이 임시휴업이라는 말을 듣고 얼마나 식겁했을까. '곧 어두워질 텐데' 걱정하며 허겁지겁 고개를 내려와 이곳을 찾았지만, 예약을 안 한 터라 빈 침대가 없었던 모양이다. 난처해하는 여주인을 앞에 두고, 길 잃은 아이처럼 처량했을 안 박사 모습이 그려진다. 르투르 마을까지 한참을 다시 내려가야 하나 고민하는 와중에, "그러면 객실은 아니지만…" 하는 여주인의 선처가 있었으니 얼마나 가슴 쓸며 안도했을지 짐작이 된다. 앞서 걸으며 온갖 수고로움을 감내해준 후배 덕에 나는 순가락 하나 들고 남이 차려놓은 밥상 앞에 슬쩍 끼어 앉으면 되었다.

발므 고개는 3국봉 몽돌랑Mont Dolent에서 바젤Basel까지 이어지는, 프랑스와 스위스의 수백 킬로미터 국경선 남단에 위치한다. 양옆에 각각 1킬로미터의 가까운 거리를 두고, 발므 언덕Tete de Balme. 2,321m과 레그랑데 오탄Les Grandes Otanes. 2,680m이라는 두 개의 육중한 봉우리를 거느리고 있다. 원래 하나의 거산이었던 것이 억겁의 세월을 지나며 깎이고 쓸려 움푹한 고갯길 하나를 만들고 두 개의 봉우리를 남겼을 것이다.

발므 고개는 TMB 루트에선 몽블랑 정상과 가장 멀리 떨어진 거리에 위치한다. 어제 마지막 순간에는 그래도 며칠 만에 모습을 드러낸 몽블랑인데 반가울 법도 했지만, 산장이 임시휴업이라는 소식에 경황도 없이 고개를 내려왔었다. 이탈리아로 넘어올 때의 세이뉴 고개, 스위스로 넘어올 때의 페레 고개에서 머물렀던 시간과 그 느낌들을 생각하면 어제 발므 고개에서의 짧은 체류시간과 조급함은 못내 아쉬움으로 남는다. 곧 어두워진다는 불안감 때문에 마음의 여유를 쉽게 잃어버렸던 것 같다.

르투르

샤라미용 산장의 아침 정경은 어제 해 질 녘 도착했을 때와는 사뭇 달랐다. 산장 뒤 레그랑데 오탄 위로 막 떠오른 햇살이 맞은편 포세테즈 봉Aiguillettes des Possettes에 부딪혀 찬란했고, 왼쪽 멀리에서 둥그런 구름을 얹은 몽블랑 봉우리 또한 아침햇살과 함께 화사했다. 밤사이에 태양의 방향은 바뀌었지만 어제 석양 무렵에도 근사했을 정경들을, 씻고 먹고 마시느라 겨를이 없어 아깝게도 놓쳤다.

'알프스에서 가장 친절한 아줌마'와 작별 인사를 나누고 9시 넘어 산장을 나섰다. 투숙객들은 모두 출발한 뒤였다. 오늘은 눈앞에 펼쳐진 계곡바닥까지 내려간 후 트레르샹Tre le Champ을 거쳐, 해발 2,352미터에 있다는 하얀 호수 락블랑Lac Blanc까지 오른다. 가이드북에는 정규코스 아닌 대체코스로 소개되어 있지만, 고생해서 올라가볼 가치가 충분할 거라는 안 박사의 주장에 따른 것이다.

트레르샹까지 내려가는 오전 루트도 어제 발므 산장에 투숙했다면 달라졌을 것이다. 가이드북 정규코스 안내대로, 발므 산장에서 발므 언덕 사면을 횡단하여 포세테즈 고개Col des Posettes. 1,997m를 넘고, 다시 포세테즈 봉Aiguillettes des Possettes. 2,201m까지 오른 후 하산하는 게 원래의 계획이었다. 트레르샹까지 직선거리로 내려가는 지금의 루트는 가이드북의 대체코스를 따르는 것이다. 대체코스라 하지만 환상적인 내리막길이다.

머리 위로 여러 갈래의 케이블이 늘어서 있고, 거기에 대롱대롱 매달린 곤돌라들이 천천히 오르고 내린다. 아침이라 그런지 대부분 비어 있었지만 가끔씩 한두 명이 곤돌라에 앉아 우리를 내려다보며 손을 흔들어댄다. 시간이 지날수록 우리와 반대로 아래쪽에서 고개로 올라오는 트레커들이 점점 늘어나고, 곤돌라에 탄 사람들의 숫자도 늘어난다. 멀리 보이는 몽블랑을 배경으로 사람과 자연

발므 고개에서 르투르로 내려갈 때 마주 올라오는 케이블 곤돌라.
정면이 몽블랑이고 9일 만에 다시 샤모니 계곡과 조우한다과 곤돌라가 어우러져 만드는 정경은 언젠가 화보집에서 감탄하며 보았던 알프스의 풍경사진 그대로였다.

오늘은 또 어떤 멋진 세상과 만날지, TMB에서 매일 아침 시작되는 기대와 설렘은 곧이어 가벼운 흥분으로 바뀐다. 해발 1,453미터의 르투르Le Tour까지 450미터를 내려오는 데는 한 시간이 조금 못 걸렸다.

몽록 마을

샤모니 계곡은 남쪽의 보자 고개Col de Voza에서 북으로 발므 고개Col de Balme까지 23킬로미터 거리에 길게 뻗쳐 있다. 보자 고개 아래 레우슈 마을을 출발한 지 9일 만에 다시 샤모니 계곡에 발을 들여놓은 셈이다. 발므 고개 아래의 첫 마을인 르투르는 샤모니 계곡에서는 해발 고도가 가장 높은 지점으로, 아르브Arve 강이 시작되는 최상류 지역이기도 하다.

계곡바닥을 따라 길게 이어지며 알프스 서쪽의 빙하수를 끌어 모은 아르브는, 샤모니를 지나 제네바의 레만 호수Lac Leman까지 흘러든다. 내 발자국에 밟혔던 빙하와 설원의 눈들이 서서히 녹아 실핏줄 같은 개천으로 흘러 하나의 강물로 모아지고, 다시 거대 호수로 흘러 합쳐지는 그 여정과 시간을 상상해본다. 하나의 생명이 잉태하고 태어나는, 혹은 그 생명이 다하면서 소멸해가고 다른 생명으로 다시 태어나는 그런 여정이나 마찬가지이다. 소소한 자연의 움직임들조차도 서사적이고 드라마틱하지 않은 것이 하나도 없다.

산길을 내려오자마자 만나는 르투르 케이블카 정류장 앞은 광장처럼 넓다. 주택 건물은 많지 않지만 주차 지역에는 차량들이 줄줄이 세워져 있다. 케이블카나 곤돌라를 타고 발므 고개나 샤라미용까지 올라간 사람들이 주차해둔 차량들이다. 넓은 도로를 따라 기분 좋은 내리막이 완만하게 이어진다. 천천히 걸어 이십 분 정도 지나면 길가에 하얀 들꽃들이 만발한 소박한 주택가를 지난다. 마을버스 정류장 앞에서 잠깐 쉬며 지도를 펼치곤 앞길을 점검해본다. 샤모니 계곡의 도로변 마을 몽록Montroc은 그저 소박하면서 적막하기만 하다.

트레르샹

해발 1,354미터 몽록 마을을 끝으로 샤모니 계곡과는 다시 헤어진다. 내일 오후 레우슈로 내려가 TMB 종주를 마칠 때까지 짧은 시간 동안의 이별이다. 마을 오른쪽으로 난 터널 앞 철로를 건너면서 산길로 접어든다. 오늘 목적지인 해발 2,352미터 락블랑까지 천여 미터를 오르는 여정이 시작되었다.

몽록 정류장 이정표가 알려준 대로 트레르샹Tre le Champ까지는 15분 거리이다. 언덕 둑길을 지나며, 산자락 아래로 깔린 넓은 초원에 자그마한 목조주택들이 오밀조밀 들어찬 정경을 내려다본다. 넓은 캠핑장에 일정 간격으로 설치된 개인 텐트들을 보는 것처럼

1

2

3

1. 발므 고개 내려와 다시 만난 샤모니 계곡 목록 마을의 바이크 족 2. 아이 업은 부부 트레커들을 자주 만난다. 3. 트레르샹 마을의 라보른 산장 쉼터 4. 락블랑 산장 발코니에서 마시는 맥주 한 잔, 특별히 맛있다 5. 락(Lac=Lake)은 호수. 블랑 호수 즉 락블랑은 거의 꽁꽁 얼었다 6. 샤라미용 산장에서 하산하는 구간. 멀리 몽블랑이 얼핏 보인다.

4

5

6

훈훈하고 아늑한 분위기를 자아낸다.

트레르샹은 샤모니 계곡을 스위스의 다른 알프스 마을들과 연결해주는 관문이나 마찬가지이다. 트리앙Tient이나 샹펙스Champex 또는 라풀리La Fouly 등지로 산악도로가 연결되어 있다. 발므 고개를 넘지 않고 차량으로 우회하여 이동하는 사람들이 이 도로를 이용한다.

야트막한 언덕을 넘으면 각기 다른 표정을 짓는 십여 개의 목상들이 음울한 형상으로 서 있다. 남태평양 이스타 섬의 모아이 석상들처럼 어딘가 누군가를 향해 간절한 소망을 담고 있는 표정들이다. 오랜 옛날 어떤 슬픈 사연이 있어 이곳을 지나는 이들에게 뭔가 하소연을 하는 듯 보이기도 하다.

이윽고 만나는 라보른 산장Auberge La Boerne은 락블랑에 도착할 때까지 만날 수 있는 마지막 휴식처이다. 꽃으로 단장된 넓은 정원에 파라솔 달린 야외 탁자들을 두고, 기념품도 팔고 레스토랑과 숙박까지 겸하는 곳이다. 음료 한 잔 마시고 이십여 분 앉았다 떠나기에는 아쉬움이 많이 남는다. 열한 시에 라보른 산장을 떠나 산길로 접어들면서 트레르샹 마을과 작별했다.

분기점 삼거리

이정표를 따라 아르장티에르Argentiere와 라플레제르La Flegere 방향으로 들어서면 고요한 오르막 숲길이 시작된다. 돌부리도 별로 없고 간간히 나무뿌리만 드러나 보이는 편안한 흙길이다. 마치 우리 동네 수리산 자락 둘레길을 걷는 듯 부드럽고 편안하다. 아주 오랜만에 등받이 있는 길쭉한 나무의자를 만나 잠시 쉬어가기도 한다.

락블랑 이정표를 처음 만난 건 트레르샹 마을을 떠난 지 사십 분 지나서다. 정규코스가 아니라 그런지 지도상 표기도 간단치 않아, 제대로 찾아갈 수 있을지 걱정하던 참이었다. 라플레제르, 셰스리스, 락블랑, 아르장티에르, 네 개 지역으로 가는 한 방향 길을 표지판은 하나의 화살표로 알려주고 있다. 삼십 분 후에는 더 정확한 이정표를 만난다. 정규코스와 락블랑으로 가는 대체코스가 나누어지는 분기점 삼거리에서다.

오던 길과 같은 방향으로 직진하면 라플레제르La Flegere까지 한 시간 삼십 분 걸리는 정규코스인 것이고, 우측으로 급하게 꺾이는 길로 들어서면 락블랑으로 올라가는 대체코스가 시작되는 것이다. 락블랑까지는 두 시간 사십오 분, 도중에 만날 셰스리스 산장 Chalet des Cheserys까지는 한 시간 사십오 분 소요된다고, 이정표는 말한다. 시간은 정오를 조금 넘기고 있다. 이정표 시간보다는 더 걸리겠지만 그래도 여유시간은 너무나 많다.

셰스리스 오두막

TMB 둘째 날 우리는 정규코스에서 벗어난 조베 호수Lac Jovet까지 다녀오기 위해 세 시간을 더 투자했다. 오늘은 몽블랑을 좀 더 높은 곳에서 근사하게 바라보기 위하여 다시 정규코스를 벗어나 하

↑ 몽록 마을을 지나 트레르샹으로 접어들고 있다. 르트르에 차를 세워두고 주변을 트레킹하는 프랑스 여행객들

↑ 테트오방 사거리 방향을 내려가는 산악 마라토너들

얀 호수 락블랑으로 간다. TMB 종주 마지막 하루를 남겨둔 아홉째 날이다. 샤라미옹 산장을 출발한 지 세 시간 동안 편안한 내리막과 숲길을 걸어왔지만, 지금부터는 가파른 산길이 기다리고 있다.

시야를 막던 숲이 사라지면서 길도 좁아지고 거칠어졌다. 지그재그로 이어지는 급경사 암벽길이 한동안 계속되었다. 분기점 삼거리를 지난 지 한 시간 만에 비로소 경사가 다소 완만해졌다. 산 중턱에 축사인지 폐가인지 모를 음산한 건물 하나가 서 있는 지점부터다. 그 짧은 한 시간이, 어제 발므 고개로 오르던 몇 시간에 맞먹는 듯 온몸은 땀에 젖었다.

가다 쉬고 가다 쉬고 반복하기를 다시 삼십 분, 어느덧 해발 1,998미터 세스리스 오두막Chalet des Cheserys 앞에 도착했다. 간이 대피소 정도로 조그맣게 지은 건물 하나 덜렁 서 있지만 이정표는 세 방향으로 향하여 세 개가 걸려 있다. 락블랑까지는 한 시간 십 분이다. 이제 더 가파른 오르막길만 남았다. 시간은 충분히 여유가 있다.

테트오방 돌탑

산양 한 마리가 앞서가는 트레커들의 주목을 받고 있다. 짧은 꼬리에 길게 휘어진 뿔이 아니라면 우리 시골에서 흔히 보는 갈색 송아지나 염소와 다를 바 없다. 젊은 여성이 "샤무아chamois"라고 소리치자, 옆에 있던 남자 파트너가 "아니야, 부크탱bouquetin이야"라며 정정해준다. 10미터 앞에 줄지어선 사람들이 카메라를 들이대고 와자지껄 떠들어대도, 샤무아인지 부크탱인지 모를 그는 전혀 개의치 않고 태연자약하다. 적적한 산악생활에 인간이란 다른 '종'의 모습을 구경하는 건, 그에게 일종의 취미생활이자 매일 반복되는 즐거운 일상인 것이다. 다시 보니 멀찌감치 떨어진 암벽 위에 가족인지 친구인지 모를 다른 세 마리가 부러운 눈초리로 이쪽을 내려다보고 있다.

테트오방Tete Aux Vents은 셰스리스 산장에서 삼십 분 거리이다. 가파른 언덕을 오르자마자 큼직한 돌탑cairn이 있고 그 옆에 네 개의 방향을 알려주는 이정표가 서 있다. 방금 지나온 셰스리스 산장 방향, 트레르샹과 아르장티에르 방향, 몬테 고개Col de Montes 방향 그리고 락블랑 방향을 가리키며 각각의 소요시간도 알려준다.

네 갈래 길의 중요한 분기점인 이 돌탑에는 'Reserve Naturelle Aiguilles Rouges'라고 쓰인 철판이 붙어 있다. 에귀 루지Aiguilles Rouges는 에귀뒤 벨베데르Aiguille du Belvédère. 2,965m에서 브레방Le Brévent. 2,525m까지 열 지어 이어진 산군을 일컫는다. 샤모니 계곡 전체를 사이에 두고 몽블랑 산군과 정면으로 마주하고 있다.

우리의 TMB 종주 마지막 이틀은 샤모니 계곡을 내려다보고 몽블랑 산군을 올려다보며 에귀 루지의 중턱을 가로지르는 여정이다. 철분이 풍부한 암석 '봉우리Aiguille'들이 '붉은Rouges' 색조를 띤 모습에서 에귀 루지란 명칭이 붙었다. 세이뉴 고개의 돌탑이 프랑스와 이탈리아를 구분짓고, 페레 고개의 돌탑이 이탈리아와 스위스를 나누듯, 해발 2,132미터 지점에 서 있는 이 돌탑도 하나의 경계를

↑ '알프스에서 가장 친절한 아주머니'인 샤라미용 산장의 여주인(빨간 바지)이 투숙객들에게 주변을 설명하고 있다

투르 드 몽블랑 | 아홉째 날

↑ 트레르샹은 샤모니 계곡을 스위스의 다른 마을들과 연결해주는 관문이다

뜻하고 있다. 돌탑에서 한 발자국 더 내디디면 '에귀 루지 자연보호 구역'으로 들어서는 것이다. 내일 오후 브레방 고개를 넘을 때까지 계속 이 구역을 통과하게 된다.

셰스리스 호수

테트오방 사거리에서 셰스리스 호수까지의 삼십 분은 몽블랑 산군의 장엄한 파노라마를 한눈에 바라보며 지나는 구간이다. 가장 가까이 해발 4,122미터의 베르트 봉 Aiguille Verte을 중앙으로 하여, 그 왼쪽으로는 투르 봉 Aiguille du Tour. 3,540m이 서 있고, 오른쪽으로는 해발 3,000미터 이상의 설산들이 줄줄이 이어지다가 최남단의 몽블랑 정상과 연결된다. 지도상으로도 몽블랑 산군 전체를 가장 잘 조망할 수 있는 위치로 보인다.

첫날보다는 둘째 날이 더 좋았고, 그제보다는 어제가 더 새로웠고 어제보다는 오늘 정경이 더 감동되는, 그런 하루가 매일 반복되고 있다. 내일 하루밖에 남지 않았다는 사실을 떠올리면, 여름방학을 마치고 개학을 준비하는 아이의 심정이 되어간다. 파란 하늘과 설산 봉우리들과 그 주변 구름들이 엮어내는 파노라마에 눈길을 빼앗기며 걸음이 늦어진다.

반대편 이탈리아 구간에서 가장 인상 깊었던 그랑드조라스 Grandes Jorasses. 4,208m는 구름에 가려 보이지 않지만, 그 옆의 당뒤제앙 Dent du Géant. 4,013m 만큼은 그 독특한 외모로 인해 희미하게

나마 눈에 들어온다. '거인geant의 이빨dent'이라는 그 이름 그대로, 저 혼자 뾰족하게 솟아난 송곳니를 은근하게 드러내 보이고 있다.

셰스리스 호수의 정식 명칭은 '셰스리스의 여러 호수들Les Lacs des Cheserys'이다. 해발 2,200미터 지점에 흩어져 있는 여러 개의 호수를 통칭하는 이름이다. 근처의 더 높은 곳에 있는 락블랑과 함께, 에귀 루지 봉우리들에서 녹아내린 얼음물을 받아뒀다가 샤모니 계곡의 아르브Arve 강으로 내려보내는 역할을 한다. 작은 호수들을 멀리에서 내려다볼 수 있는 언덕에 호수 이름을 알려주는 돌탑이 서 있고, 십 분 더 올라가면 셰스리스 호수들 중 맏형 격인 맨 윗자리 호수를 만난다.

락블랑

만형 호수에 비친 몽블랑 산군이 근사할 것 같았는데 호수의 절반이 눈과 얼음으로 뒤덮여 기대를 접어야 했다. 해발 2,200미터인 이 지점부터 눈밭이 시작된다. 7월 초인 지금부터 한 달쯤 지나면 눈은 많이 녹아 이 일대는 녹색의 초원을 되찾을 것이고 호수 표면은 원래대로 맑은 거울이 될 것이다. 하루에 수 미터씩 눈밭이 녹아가는 해빙의 소리가 들리는 듯하다.

눈앞에 나타난 락블랑 산장까지는 깎아지른 암벽 위로 해발 150미터만 더 오르면 된다. 산장 바로 밑에 수직으로 놓인 스무 계단 철제 사다리를, 누군가는 '하늘로 가는 사다리Ladders to the sky'

라고 표현했다. 오늘 오후 저런 수직 사다리를 여러 개 넘어야 했을 수도 있었다. 트레르샹에서 테트오방 돌탑 사거리까지 올라오는 데는, 몬테 고개Col de Montets 가까이로 우회하거나 셰스리스 산장을 거쳐오는, 두 갈래 길이 있었다.

전자는 험한 암벽 사다리를 여러 개 타야 하는 코스였지만, 우리는 후자를 택한 덕택에 상대적으로 완만한 지그재그 길로 올라온 셈이다. 경사진 눈밭을 지나고, '하늘로 가는 사다리'를 타고, 다시 통나무 계단 길을 올라 삼십 분 만에 락블랑 산장Refuge du Lac Blanc에 도착했다. '하얀blanc 호수lac'가 맞았다. 수면 전체가 얼음 위 눈밭이라, 호수인지 평지인지 구분이 애매할 정도였다. 모서리 한 귀퉁이 눈 녹은 아래로 에메랄드빛 수면이 보이는 게 그나마 이곳이 호수임을 알려주는 전부였다.

산장은 거대한 바위 위 평평한 위치에 살포시 올린 두 개의 목조건물이었다. 호수를 정면으로 하여 오른쪽 지근거리에는 에귀루지의 최고봉 에귀뒤 벨베데르를 두고, 왼쪽으로는 멀리 몽블랑 봉우리부터 산군 전체를 거느리는 천혜의 위치이다.

"상무님, 라면 두 개 다 가져오세요!"

먼저 도착해 내 몫까지 다 체크인을 해둔 안 박사는 어느새 버너에 불을 피워 물을 끓이고 있다.

"햇반도요! 빨리요! 끓어요!"

― 락블랑으로 오르는 막바지부터는 눈길이 시작된다. 뒤로 셰스리스 호수가 보인다

정오쯤에 간식으로 대충 요기는 했었지만, 오후 네 시까지 비워진 뱃속은 얼른 채워달라고 아우성이다.

배낭 속에 마지막으로 남아 있던 라면 두 봉지와 햇반 하나를 호기롭게 다 꺼냈다. 애지중지하며 하나씩만 아껴 먹었고 이게 마지막이지만 아쉬움은 별로 없다. 내일 저녁 한인 민박집에 돌아가면 된장에 김치에 불고기 성찬일 텐데, 이까짓 라면이나 햇반 따위가 무슨 대수랴. 느긋하고 여유로운 오후였다.

둘이서 라면 두 개와 햇반 하나로는 모자랐던 모양이다. 늦은 점심에 이어 곧 나온 산장의 저녁식사도 남김없이 비웠다. 탄수화물은 물론 지방에 단백질까지 모든 영양분들이 차곡차곡 보충된 느낌이었다. 식당을 꽉 채운 트레커들은 각자의 나라말로 대화하며 떠들썩했지만 우리 모두는 하나의 팀이라는 동지의식이 눈에는 안 보이지만 넘쳐나고 있다. TMB라는 하나의 길을 걷는 중이고, 같은 날 같은 시각에 락블랑이라는 근사한 호숫가에서 같은 음식을 함께 먹고 있는 것이다.

잠자리는 2층 침대가 두 개 있는 좁은 4인실이었다. 사다리와 침대 주변 여기저기에 축축한 수건과 양말과 옷가지들이 널어져 있고, 바닥에는 내용물이 드러난 배낭들이 널브러져 있다. 평상시 시각으로는 무질서였으나 지금으로선 마냥 훈훈한 풍경이다.

산속에서의 밤은 정적이 일찍 찾아온다. 아홉 시부터 잠자리에 들기 시작하며, 떠들썩했던 주변은 한 시간이 지나자 고요해졌다. 잠버릇이 험한 누군가가 자신도 모르게 간간히 쏟아내는 소음도 거슬리기보다는 오히려 정겹게 들린다.

설레는 마음으로 제네바 공항에 내려 자정 가까운 시간에 샤모니 한인 숙소에 들고, 다음 날 오전 레우슈에서 트레킹을 시작했던 그날이 일 년 전의 일처럼 아련해졌다. 프랑스에서 이탈리아, 이어서 스위스, 다시 프랑스로의 지난 9일간 여정이, 느릿한 슬라이드 화면처럼 한 장 한 장 스쳐갔다. 둘째 날 본옴므 고개 위에서 눈 쌓인 능선을 앞에 두고 느꼈던 두려움을 떠올리면 여전히 아찔하다. 페레 고개로 오르며 가파른 산 중턱에서 혼자 길을 잃었을 때의 그 공포감도 마찬가지이다. 산을 오르내리고, 시골마을을 지나며 만났던 수많은 사람들이 꿈결에서처럼 다시 나를 찾아와 환하게 작별인사를 남기며 떠난다.

↓ 알프스 산양은 두 종류인데, 샤모아와 부크탱의 구별이 쉽지 않다

아홉째 날
테트오방 돌탑 거쳐 락블랑

거리는 길지 않으나 락블랑까지 해발 1000m 더 오르고, 막바지에 가까운 날이다 보니 꽤 힘든 구간이다. 락블랑은 대체코스이지만 락블랑 호수 산장에서 1박을 하고 가는 게 좋다. 발므 산장에 숙박한 경우라면 정규코스인 포세테즈 고개를 넘어가는 완만한 우회로를 통해 트레르샹Tre le Champ까지 오는 게 좋다.

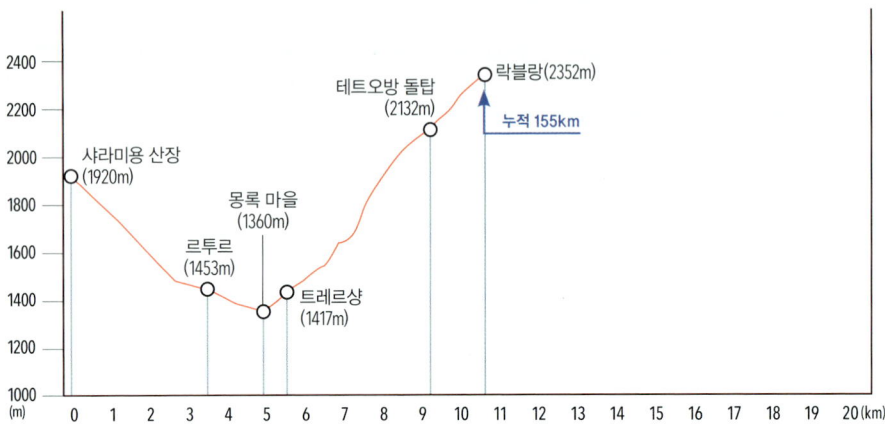

거리 10.5km **최고 고도** 락블랑 2352m **최저 고도** 몽록 마을 1360m **소요 시간** 트레킹 6시간 + 휴식 없이 = 총 6시간 **구간별** 샤라미용 산장(1920m) 3.5km → 르투르(1453m) 1.5km → 몽록(1360m) 0.5km → 트레르샹(1417m) 3.5km → 테트오방 돌탑(2132m) 1.5km → 락블랑(2352m)

📍 경유지 정보

샤라미용 산장 발므 산장에서 30분 거리다. 발므 산장에 묵었더라면 포세테즈 고개와 포세테즈 봉을 넘는 완만한 우회로를 통해 트레르샹까지 내려가는 게 좋다.

르투르 샤라미용 산장에서 한 시간 내려오면 르투르 케이블카 정류장 앞이다.

몽록 마을 자동차 도로를 20분 정도 걸어 내려오면 만나는 마을이다. 마을 버스 정류장에서 다시 샤모니 계곡을 떠난다.

트레르샹 스위스의 다른 알프스 마을들과 샤모니 계곡을 연결해주는 역할을 한다. 트리앙과 샹펙스 및 라풀리 등지로 산악도로가 연결되어 있다.

분기점 삼거리 트레르샹 보른 산장 주변에서 이정표를 따라 아르장티에르와 라플레제르 방향으로 들어선다. 고요한 숲길을 한 시간 걷다보면 분기점 삼거리에서 이정표를 만난다. 직진하면 라플레제르 방향이고 우측길로 들어서면 락블랑 방향으로 2시간 45분 소요된다고 표시되어 있다.

테트오방 돌탑 사거리 다소 완만해진 오르막을 30분 걷다가 가파른 언덕에 오르면 큼직한 돌탑이 하나 서 있다. 이정표가 네 개의 방향을 가리킨다. 방금 지나온 셰스리스 산장 방향, 직진하면 몬테 고개 방향, 오른쪽으로는 트레르샹과 아르장티에르 방향 그리고 왼쪽길로 들어서면 락블랑 방향이다.

셰스리스 호수 해발 2200m 지점에 흩어져 있는 여러 개의 호수를 통칭하는 이름이다.

락블랑 셰스리스 큰 호수 앞에서 스무 계단 철제 사다리를 타고 오르고 30분 정도 더 오르면 락블랑 산장에 도착한다. 두 개의 호수로 이뤄져 있다. 얼음이 녹을 때이면 호수에 비친 알프스 산군의 아름다운 것으로 유명한 위치이다. 가이드북에는 정규코스 아닌 대체코스로 소개되어 있다. 가급적 들르는 것이 좋다.

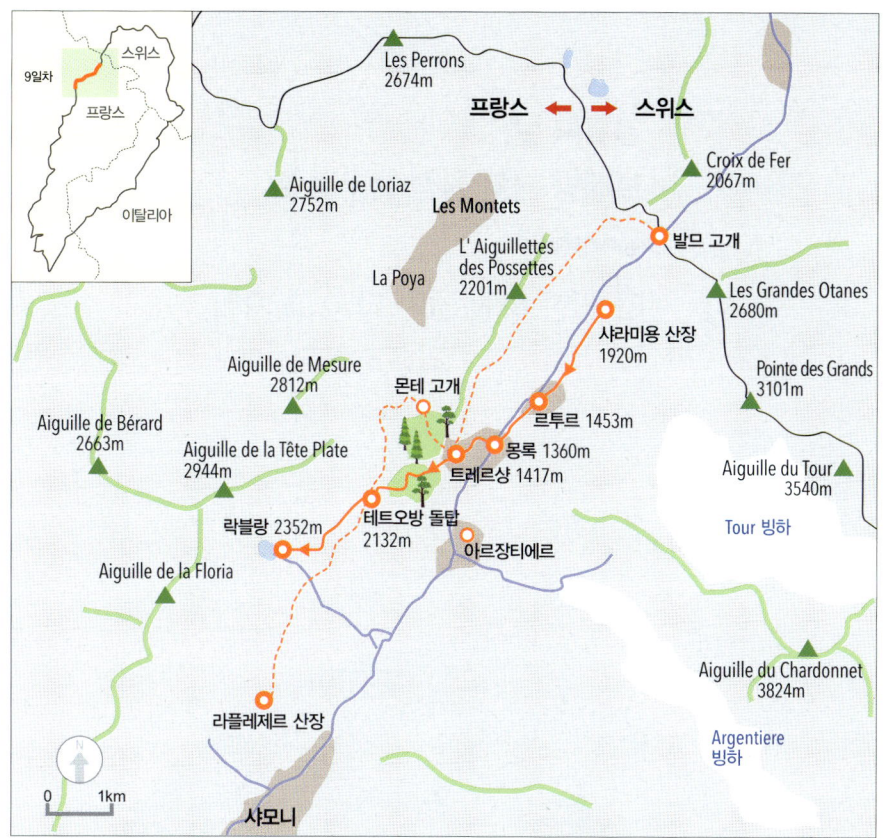

🅟 길찾기 유의사항

트레르샹에서 테트오방 사거리까지 올라가는 구간에서 이정표 확인을 잘 해야 한다. 길이 좀 험하고 갈래길이 많아 잘못 들기도 쉽다. 특히 이 구간에 우리가 걸은 방향보다 위쪽(북쪽)으로 몬테 고개 가까이 지나는 또 하나의 코스가 있다. 철계단을 여러 번 넘는 스릴 있는 구간으로 알려져 있다.

🅟 숙박 시설

르투르
알핀투르 산장 Chalet Alpin du Tour
전화번호 +33(0) 450 540 416 영업 시기 3~9월
이메일 chaletdutour@ffcam.fr
홈페이지 www.chaletalpindutour.fr

트레르샹
보른 지트 Gite Boerne
전화번호 +33(0) 450 540 514 영업 시기 연중 무휴
이메일 contact@la-boerne.fr
홈페이지 www.la-boerne.fr

아르장티에르
모울링 지트 Gite Chamonix Le Moulin
전화번호 +33(0) 682 333 454
영업 시기 12월~익년 9월
이메일 Benoit.henry2@wanadoo.fr
홈페이지 www.gite-chamonix.com

락블랑
락블랑 산장 Refuge du Lac Blanc
전화번호 +33(0) 767 567 414
이메일 refugedulacblanc@gmail.com

🅟 식사

트레르샹에서 이른 점심을 먹든지 아니면 간식을 준비하여 테트오방 사거리에서 몽블랑 경관을 즐기며 먹는 것도 좋다.

열흘째 날,
브레방 거쳐 원점 레우슈로

타원 한 바퀴 돌아 다시 그 자리

락블랑Lac Blanc의 묘미는 두 가지이다. 하나는 산장 발코니의 하얀 탁자 위에 맥주 한 잔과 지도를 올려놓고 설산 봉우리들을 하나하나 비교해가며 음미하는 것이고, 또 하나는 일렬로 줄이어 선 봉우리들 전체 모습을 호수 표면에 투영해 보는 것이다. 아쉽게도 우리에게는 두 가지 중 하나만 허락되었다. 호수는 그 표면에 아무것도 투영하지 못하는 그냥 설원일 뿐이었다. 지난 겨울 동안 두터워진 호수의 얼음은 7월 초순까지도 견고한 모양이다. 산장과 호수 주변에 쌓인 눈들이 절반 정도 녹아내릴 때쯤이면 호수는 원래의 거울 같은 수면을 되찾을 것이다.

락블랑은 두 개의 호수다. 산장 바로 옆에 새끼호수가 있고 십여 미터 더 높은 언덕 너머에 다섯 배 크기의 어미호수가 넓게 자리 잡고 있다. 엄밀하게는 어미호수가 락블랑이고 무명인 새끼호수는 가이드북에 따르면 그냥 '넓은 연못tarn'에 불과하다. 눈 덮인 연못을 바라보며 설산을 배경으로 사진 찍는 이들이 있고, 어미 호수에서 산책 마치고 내려오는 이들이 있다. 발코니에는 신발끈 조여 매며 출발 준비에 여념 없는 이들이 있고, 하얀 탁자에 둘러앉은 이들은 락블랑과의 이별을 아쉬워하는 모습들이다.

라플레제르 산장

일곱 시 오십 분에 산장을 출발했다. TMB 종주 마지막 날 아침, 하늘은 한 점 구름도 없이 맑다. 밤새 허공을 떠돌았을 흰 구름들이 산장 뒤로 먼 산기슭에 내려앉아 낮고 두텁게 깔렸다. 어제 오후만 해도 군데군데 구름에 가렸던 설산 봉우리들은, 언제 그랬냐는 듯 일렬로 줄 선 채 완벽하게 알몸을 드러내고 있다.

'뾰족한 산봉우리' 또는 '첨봉'을 의미하는 '에귀aiguille'라는 단어가 대부분의 산 이름 앞에 붙었다. 샤르도네 봉Aiguille du Chardonnet. 3,824m이 일렬의 맨 뒷자리에서 아침햇살을 가장 가까이 받으며 서 있고, 그 옆으로 아르장티에르 봉Aiguille d'Argentiere. 3,901m이 거리를 두고 있다. 두 첨봉 모두 국경선 상에 자리를 잡으며 스위스 땅과 프랑스 땅을 나누는 역할을 한다. 길에서 수없이 만난 인공 돌탑 또는 돌무덤cairn들이 특정 지역의 경계를 표시했던 것과 같다.

3국봉 몽돌랑Mont Dolent 봉우리에서 시작된 아르장티에르 빙하Glacier d'Argentiere가 두 첨봉 옆으로 흘러 긴 혀를 늘어뜨리고 있다. 빙하 오른쪽으로 우뚝 솟은 베르트 봉Aiguille Verte. 4,122m과 드뤼 봉Aiguille du Dru. 3,754m은 뭐니 뭐니 해도, 락블랑에서 시작되는 오늘 오전 구간에서는 남녀 주인공이나 다름없다. 샤모니 계곡을 사이에 두고 우리와 가장 가까이, 가장 우람한 모습으로 서 있기 때문이다.

락블랑을 거쳐 간 트레커들이 시간이 흘러 락블랑을 추억할 때는, 멀리 있던 몽블랑보다는 바로 눈앞에 가까웠던 베르트 봉과 드뤼 봉이 먼저 떠오를 것이다. 마치 엄마 베르트가 아가 드뤼를 가슴에 안고 마주보며 정겨운 얘기를 나누는 모습 같기도 하고, 딱 붙은 네 개 손가락 옆에 엄지손가락 하나만 떨어져 있는 독특한 형상이기도 하다.

눈밭은 락블랑을 떠난 지 이십여 분 만에 끝났다. 계속해서 능선을 따라 완만한 내리막이 이어진다. 왼쪽으로 펼쳐진 설산 봉우리들에 눈길을 빼앗기며 카메라 셔터를 누르느라, 돌부리에 걸려 휘청거리길 여러 번이다. 출발할 때만 해도 멀어 보이던 몽블랑의 둥근 봉우리가 좀 더 가까워졌고, 락블랑 정면에서 우람했던 베르트 봉Aiguille Verte은 이미 등 뒤로 살짝 밀려나 있다.

테트오방 사거리에 있었던 것처럼, 에귀 루지 자연보호 구역 경계임을 알리는 돌탑을 또 하나 만나고, 잠시 후 두 갈래 길에서는 이정표에 표기된 대로 '라플레제르La Flegere' 방향을 택한다. 2,300미터 능선을 따라가는 오른쪽은 글리에르 고개Col des Glieres로 가는, TMB와는 무관한 길이다. 우리는 왼쪽으로 내려가야 라플레제르에 도착하여 가이드북의 정규코스와 다시 만나는 것이다.

↑ 락블랑 산장을 떠나 브레방을 향해 가고 있다. 눈앞에 보이는 몽블랑이 점점 가까워진다

거친 너덜길이 계속된다. 나보다 한발 늦게 출발한 안 박사는 어쩐 일인지 계속 모습을 보이지 않는다. 늘 앞서 걸었고 늘 빨리 걸었던 그이다. TMB에 대한 아쉬움이 남았나 보다. 마지막 날인 오늘만큼은 조금 더 천천히 쉬엄쉬엄 오고 있으리라.

작은 연못을 지나고 오른쪽으로 방향이 꺾이면서 여러 갈래의 길들이 모아지는 라플레제르가 시야에 나타났다. 그리고 삼십 분 후에는 라플레제르 산장Refuge de la Flegere 앞에 놓인 빨간 의자에 배낭을 내려놓고 걸터앉을 수 있었다. 락블랑 산장을 떠난 지 한 시간 반 만에 신발과 양말을 벗고, 몽블랑을 향해 최대한 편안한 자세를 취했다.

샤를라뇽

샤모니에는 주변 설산으로 오르는 케이블카 정류장이 세 군데 있다. 해발 3,842미터 에귀뒤미디 전망대Aiguille du Midi와 브레방 전망대Le Brevent. 2,525m 그리고 인덱스 고개Col de l'Index. 2,400m 등지로 올라가는 케이블카들이다. 서로 마주보고 있는 에귀뒤미디와 브레방은 샤모니 중심부에서 각각 반대 방향으로 올라가고, 인덱스 고개로 오르는 케이블카는 샤모니 북쪽이 출발점이다. 패러글라이딩이나 겨울철 스키족을 위한 것이기도 하고, 에귀디미디 전망대처럼 걷는 수고로움 없이 고산 경관을 즐기려는 관광객들을 위한 것이기도 하다.

라플레제르 산장에서 다시 몸을 일으켜 길을 떠나면 산장 뒤로 케이블카 정류장이 보인다. 샤모니 북쪽의 작은 마을 레프라즈 Les Praz에서 인덱스 등지로 오르는 케이블카의 중간 기착지이다. 멀고먼 길을 수고롭게 걸으며 지금 내가 마주하는 몽블랑 산군과 샤모니 계곡의 절경을, 저 케이블카 속 사람들은 단 십여 분 만에 올라와 즐기고 있다.

마흔아홉 살에 자신의 지난 인생을 돌아보는 소회와 TMB 종주 경험을 함께 풀어낸 데이비드 르베이의 여행기 '마흔아홉, 몽블랑 둘레길을 걷다'에서 두 주인공은, 브레방을 넘어 레우슈로 하산하는 마지막 남은 구간을 이곳 라플레제르에서 포기한다. 거센 비바람 때문에 락블랑에도 오르지 못하고 악전고투하던 터였다. 레프라즈Les Praz 마을로 내려가는 케이블카에 몸을 실으며 TMB 여정을 끝내는 마지막 부분은 이렇게 묘사된다.

'케이블카는 삐걱거리고 웅웅거리며 승강장을 미끄러지듯 빠져나가 몰아치는 비와 안개 속으로 그네처럼 흔들리며 내려갔다. 한 치 앞도 보이지 않았지만, 솔직히 우리는 개의치 않았다. 빠르게 추위를 벗어나 온기와 음식에, 모르긴 해도 더운물 샤워까지 약속된 곳으로 가고 있다는 사실이 그저 고마울 따름이었다. 둘 다 글자 그대로 물에 빠진 생쥐 꼴에 지칠 대로 지쳐 있었고, 몸을 떠는 우리의 발 주위로 케이블카 바닥에 흙탕물이 고여 갔다.'

그들에 비하면 오늘 이 화창한 날씨는 우리에게 얼마나 큰 축복인가? 오늘 여정에서 특히 눈길을 더 끄는 건, 샤모니 계곡으로

↑ 해발 2,000미터 플랑프라즈에서 해발 4,000미터 몽블랑을 바라본다.
왼쪽 뾰족한 봉우리가 해발 3,842미터 에귀뒤미디 전망대다

↑ 플랑프라즈 언덕으로 오르는 능선에서 나와는 반대 방향으로 락블랑을 향해 가는 트레커들. 가운데 흰 봉우리가 몽블랑이다

흘러내리는 거대 빙하들의 위용이다. 락블랑에서 마주했던 아르장티에르 빙하Glacier d'Argentiere는 이미 내 뒤로 멀어졌지만, 몽블랑 아래로 흘러내리는 보송 빙하Glacier des bossons는 더 가까워졌다.

그 사이 가운데의 메르드 글라스 빙하Mer de Glace는 고개를 왼쪽으로 돌리면 내 정면에 바싹 붙어 있다. 그 이름 그대로 '얼음glace의 바다mer'이기도 하고, 아우토반에 맞먹을 고속도로 같기도 하고, 스키점프의 활강 슬로프를 연상시키기도 한다. 빙하의 정점에는 이탈리아와 국경을 이루는 그랑드조라스Grandes Jorasses와 거인의 이빨 당뒤제앙Dent du Géant이 버티고 서 있다. 먼 거리 때문에 아득해 보이긴 하지만, 두 설산 봉우리에서 스키를 타고 뛰어내려 활강하면 단 일 분 사이에 샤모니 계곡 바닥에 도착할 듯하다.

10일 전 떠났던 샤모니의 모습이 계곡 아래에서 조금씩 더 뚜렷이 윤곽을 드러내고 있다. 라플레제르 산장에서는 샤모니 쪽으로 향하는 내리막을 따라 도로로 내려섰다가 뒤늦게 길을 잘못 든 걸 알고 되돌아갔다. 산장 우측에 있는 케이블카 역 아래에서 수평으로 이어진 좁은 길을 따라야 한다.

샤를라농까지는 한 시간 거리이다. 해발 60미터를 내려오는 완만한 길이지만 가파른 능선의 한 가운데를 가로지르는 데다가 크고 작은 암석들이 쓸려내리다 멈춘 너덜길이다. 비바람 몰아칠 때는 위쪽으로부터의 낙석도 신경이 쓰일 만한 구간이다.

평지로 내려서면 사거리에서 '샤를라농Charlanon 1,812m' 팻말을 만난다. 브레방에서 하산하기 전까지는 오늘 코스 중에서 고도가 가장 낮은 지점이다. 시간은 열 시 반, 해발 2,352미터 락블랑을 출발한 지 두 시간 사십 분 만에 기나긴 내리막은 끝나고 이제 다시 오르막이 시작된다.

플랑프라즈

샤를라농 사거리를 떠난 지 삼십 분, 갈림길 앞에서 망설이다가 잠시 주저앉아 지도를 확인하는 중이었다. 홀로 여유롭게 지나가는 동양인 여성을 무심코 불러 세웠다.

"헬로우?"
"헬로우!"
"???"
"……"

2초 간 어색한 침묵이 흘렀다.

"한국인?"
"아~ 네, 한국인이에요."

첫날 한인 민박집에 투숙했던 단체 여행객들 이후로 TMB 여정에서는 처음 만나는 한국인이다. 안 박사 아닌 다른 사람으로부터는 십여 일 만에 처음 들어보는 우리말이기도 하다.

샤모니 호텔에 숙소를 잡아두고 며칠간 구간을 옮겨가며 TMB를 걷고 있다고 한다. 이번 여행의 의미와 느낌 등에 대한 서로의 경험담이 이십여 분 동안 이어지고, 그리곤 작별인사를 나눴다.

1. 베르트 봉과 드뤼 봉을 왼쪽에 두고 서 있는 모습 2. 우리와 반대로 락블랑을 향하는 프랑스인 살즈망 씨 가족 3. 락블랑 산장을 떠나기가 못내 아쉬웠다 4. 브레방 고개로 오르는 케이블카 타러 가는 길. 폭설 등 구간 통제 시 케이블카를 이용한다 5. 에귀뒤미디 앞을 유영하는 패러글라이더들

3

4

5

방향도 같고 목적지도 두 사람 다 샤모니로 같았지만, 가는 루트가 서로 달랐고 내가 갈 길이 꽤 멀었기 때문이다.

"천천히 오시다 보면 안 박사가 따라붙을지도 모릅니다. 보시걸랑 제가 브레방 전망대에서 기다린다고 전해주세요."

플랑프라즈 언덕으로 오르는 능선은 하얀 눈밭이었다. 걸음을 멈추고 드러누우면 미끄럼을 타고 신나게 내려가 바닥에 닿을 것 같은, 위험하진 않으면서 아이들 눈썰매장 같은 놀이터와 같았다. 해발 2,000미터의 플랑프라즈Planpraz는 샤모니에서 브레방 전망대까지 오르는 케이블카의 중간 기착지이다. 한겨울이라면 이제 막 활강을 시작하려는 스키족들로 붐볐겠지만, 지금은 정면에 펼쳐진 몽블랑 정경을 눈으로 즐기는 이들만이 평화롭게 오가고 있다.

비상을 앞둔 패러글라이더들이 날개를 점검하는 모습도 눈길을 끈다. 이미 하늘에는 햇빛에 반짝거리는 몽블랑 설산을 배경으로 형형색색의 패러글라이더들이 유영을 거듭하고 있다. 샤모니까지 고도 차 1,000미터를 내려가는 지그재그 길에는 방금 출발한 사이클족들의 일렬 활강 모습이 아름다우면서도 위태로워 보인다.

브레방 고개Col du Brevent로 가는 길목에서부터 본격적인 오르막이 시작된다. 두 시간 가까이 예상되는 해발 2,525미터 브레방 전망대까지는 500여 미터를 더 오르는 길이다. 레우슈까지 중단 없는 내리막을 앞둔, TMB 여정에서의 마지막 오르막인 셈이다. 내려오는 사람들은 간간히 마주치곤 하는데 오르는 사람들은 앞에도 뒤에도 아직까지는 보이질 않는다. 모퉁이를 돌아가는 바위 위에 커플 남녀가 앉은 모습이 반갑게 눈에 들어왔다.

"헬로우, 브레방까지 가느냐?"

내가 물었고 그들이 대답했다.

"올라갔다가 포기하고 돌아오는 길이다."

"… 왜?"

"눈이 너무 많이 쌓여 위험하다. 당신은 아이젠 갖고 있느냐?"

"없다."

"그러면 브레방 고개는 절대 못 올라간다. 매우 위험하다."

"……"

본옴므 고개와 페레 고개 오를 때의 그 두려움이 떠오르고 맥이 탁 풀렸다. 영국인 부부는 잠시 후 내려갔고 나는 그냥 멍하니 앉아 있었다. 십여 분 지나 젊은 남자 한 명이 내려온다.

"브레방에서 오는 길이냐?"

"올라가다가 되돌아오는 길이다."

"눈 때문인가?"

"그렇다. 매우 위험하다. 플랑프라즈에서 케이블카 타고 올라갈 거다."

그렇지, 맥 풀릴 이유가 없었다. 케이블카 타고 올라가면 되는 것이다. 서둘러 일어나 그를 따라 내려왔다. 마침 안 박사와 한국인 여성이 플랑프라즈로 나란히 올라오는 모습이 내려다보였다.

삼십 분 전 내가 잠시 쉬었던 카페 베르제리에 Bergerie de Planpraz 옥외 테이블에 한국인 셋이 자리를 잡았다. 브레방까지 올라가기 어려운 상황을 안 박사에게 전달하고 한국인 여성과는 뒤늦은 통성명이 오고 갔다. 대기업 마케팅 관련 분야에 종사하다가 지금은 대학 강의와 저술 활동에 전념하는 전미옥 씨, 인생에 전환기를 맞아 과거를 돌이켜보고 미래를 조망해보기 위해서 이번 여행에 나섰다고 한다.

맥주 한 잔, 콜라 한 병, 커피 한 잔을 앞에 두고, 몇십 년 만에 상봉한 이산가족들처럼 각자의 인생 이야기들이 두서없이 이어졌다. 한 시간이 훌쩍 지났고 각자의 오후 여정도 변경 결정되었다. 일단 케이블카로 셋이 함께 브레방 전망대에 올라가서 구경하고, 나는 혼자 원래 계획대로 레우슈로 하산해 종주를 마친다. 안 박사와 전미옥 씨는 케이블카로 다시 이곳에 돌아와 패러글라이드로 하늘을 한 번 날고 나서, 곤돌라 타고 샤모니로 내려가는 일정이다.

플랑프라즈 하늘을 유영하는 패러글라이딩 모습은 정말 오래 기억에 남을 듯 아름다웠지만 내 관심과는 거리가 멀었다. 나에게 가장 중요한 건 TMB를 완벽하게 종주하는 거라고 두 사람에 떠벌리긴 했지만, 실은 저렇게 몽블랑 꼭대기까지 올라 하늘을 휘젓고 누빌 정도로 내가 그리 강심장은 못 되는 것 같다.

브레방 전망대

브레방으로 올라가는 케이블카 티켓을 끊었다. 승강장 주변은 샤모니에서 곤돌라를 타고 조금 전 올라왔음직한 관광객들이 군데군데 사진을 찍거나 몽블랑을 감상하기에 여념이 없다. '브레바Brev'Bar'라는 간판을 내건 매점은 스키 시즌에만 장사를 하는지 문은 닫혔지만, 야외 테이블은 그대로 늘어놓아 사람들을 쉬게 하고 있다.

케이블카 안에서도 사람들은 모두 몽블랑 쪽 유리문 앞으로 몰려 감탄을 연발한다. 비좁은 공간에 밀린 나는 반대편 유리창을 통해 우리가 한 시간 전까지 걸어온 능선을 더듬어봤다. 플랑프라즈까지 내려오지 않고 스키 리프트의 케이블 선을 따라 계속 올라갔더라면 아마도 지금쯤 눈 덮인 브레방 고개 근처에서 망연자실하고 주저앉아 있을지도 모른다.

걸어서 두 시간이 필요했을 거리를 단 십여 분 만에 올라왔다. 똑같은 몽블랑 설산들이지만 해발 500미터를 더 올라와 바라보는 느낌은 또 다른 것이었다. 케이블카에서 같이 내린 사람들이 브레방의 테라스 난간을 부여잡고 몽블랑을 향해 지긋한 눈길들을 보내고 있다.

아침의 락블랑에서 정면으로 마주했던 베르트 봉Aiguille Verte과 메르드 글라스 빙하Mer de Glace는 어느덧 왼쪽 변방으로 밀려났다. 에귀뒤 그레퐁Aiguille du Grépon. 3,482m 오른쪽으로 에귀뒤미디Auguille Du midi. 3,842m의 뾰족한 구조물이 눈에 보일 듯 말 듯 가물거린다. 지금 이 시간에도 맞은편 케이블카는 수많은 사람들을 에귀뒤미디로 실어 올리고 또 실어 내리고 있을 것이다. 그들 중 많은 이들도 이쪽 브레방으로 시선을 모으고 있으리라.

플랑플라즈에서 날아오른 패러글라이드. 바로 왼쪽으로 에귀뒤미디가 보이고, 오른쪽 너머가 몽블랑이다

그러나 역시 브레방에서의 진수는 에귀뒤미디에서 한 뼘 오른쪽에 서 있는 몽블랑이다. 날카로운 봉우리의 바위산들을 일렬로 낮게 거느리고 유독 혼자 둥그스름한 봉우리를 하얗게 반짝이고 있다. 십 일 동안 만난 알프스의 산들이 대부분 '에귀Aiquille'로 시작되는 이름인데 반해, 왜 몽블랑만은 '몽Mont'인지, 왜 '블랑Blonc'인지 명쾌하게 이해되는 곳이 바로 브레방이다.

시간은 어느덧 오후 두 시를 넘기고 있다. 마지막 남은 하산길이 신경 쓰이지 않을 수 없다. 조금 있으면 패러글라이드를 타고 몽블랑 하늘로 날아오를 두 사람은 남겨두고 나 혼자 전망대를 내려왔다.

벨라샤 산장

해발 990미터 아르브Arve 강변 레우슈Les Houches까지 고도차 1,500미터 이상을 안전하게, 별 탈 없이, 어두워지기 전에 내려가야 한다.

"조심하셔요~!"

멀리서 들려오는 안 박사 목소리에 뒤돌아 손 흔들어 화답해 준다. 나 혼자의 하산길이 미덥지 않았는가 보다. 여태까지 두 사람은 전망대 테라스 그 자리에 그대로인 채 내 뒷모습을 응원하고 있다. 이산가족 상봉 끝나 평양행 버스 안에서 남측 가족들에게 손 흔드는 심정이기도 했다가, 마지막 남은 한 교시 앞에서 크게 심호흡하며 긴장하는 수험생 심정이 되기도 했다.

위험한 눈길을 다시 만나면 어찌 할까 하는 우려와 막연한 불안감이 머릿속을 채우고 있다. 밝은 쪽으로 마음을 다잡으며 분발하고 또 분발했다. 발걸음은 다시 조금 더 가벼워진다. TMB 종주의 마지막 날, 아침부터 이어지는 이 화창한 날씨만 해도 얼마나 큰 축복인가. 거친 돌계단과 사각거리는 눈밭이 이어지지만 다행히 위험한 구간은 나타나지 않는다. 지그재그 길이 반복되면서 가파른 경사는 어느 정도 완충이 되고 있다.

출발한 지 삼십 분 만에 눈 쌓인 지대는 끝나면서 일말의 두려움은 모두 사라졌다. 오른쪽 아래로 브레방 호수Lac du Brévent를 바라보며 발걸음은 더 가벼워지고 마음속은 오전처럼 밝고 환해졌다. 나지막한 언덕을 넘어 잠시 후 모퉁이 왼쪽에 흑갈색 2층 건물이 나타났다. 해발 2,152미터에 자리한 벨라샤 산장Refuge Bellachat이다. 전망 좋은 산장 발코니에 잠시 배낭을 내려놓을까 하다가 그냥 지났다. 일단은 수목한계선까지 내려간 후에 여유를 부리는 게 좋겠다.

라파즈 천 계곡

인류 문화에 '등산' 또는 '알파인alpine'이란 개념이 처음 도입되는 계기를 만들어놓은 제네바 사람 오라스 소쉬르Horace Saussure, 그가 이곳에서 느꼈을 감상이 짐작된다. 250여 년 전 산간 오지마을 샤모니를 찾은 제네바의 식물학자가, 이 벨라샤 언덕 주변에서 혹은 브레방 꼭대기에서 혹은 플랑프라즈 언덕에서 저 이름 없는

'하얀 산'을 올려다보며 얼마나 감탄하고 또 얼마나 매료되었을까.

날카로운 첨봉들 중에 군계일학인 몽블랑의 모습은 그 당시나 지금이나 똑같겠지만, 산을 바라보는 인간의 마음은 완전히 다른 것이다. 태고 이래 인간의 발자국이 한 번도 닿지 않았을 저 봉우리에, 당시 사람들은 무서운 악마가 산다고들 믿었지만, 젊은 소쉬르는 인간으로서의 첫 발자국을 남기고 싶다는 열망에 불탔다. 자신의 꿈은 결국은 이루지 못했으나 유럽인들에게는 몽블랑 등정의 꿈을 심어놓았고, 오랜 세월이 흐른 오늘에 이르러선 멀리 한국이라는 나라의 소시민까지 이렇게 그 둘레길이나마 걷게 만들고 있다.

벨라샤 산장에서 경사가 심한 내리막을 한 시간여 내려오면 수목한계선에 이른다. 오른쪽 라파즈 봉Pointe de Lapaz. 2,312m에서 녹아내린 빙하수를 아르브 강까지 내려보내는 라파즈 천Torrent de Lapaz 계곡을 건너면서부터이다. '메를레Merlet 1,650미터' 표지판을 지나고 얼마 후부터 편안한 숲길이 이어진다.

메를레 주차장

오후 네 시, 브레방 출발 두 시간 만에 포근한 숲 속에 멈춰 섰다. 아주 길게 숨 한 번 들이마신 후 내뱉었다. 배낭을 내려놓고 잡초 위에 털썩 주저앉았다. 비로소 몸과 마음이 풀어지며 느긋하게 여유가 밀려온다. 바나나 반쪽, 사과 하나, 자두 하나, 육포 한 조각과 초콜릿 두 개를 모두 꺼내어 풀 위에 펼쳤다. 전미옥 씨 배낭 속

↑ 락블랑을 떠나 라플레제르가 가까워지고 있다
↓ 브레방으로 올라가는 케이블카의 중간 기착지인 플랑플라즈

에 있던 간식들 전부였다. 혼자 떠나는 하산 길을 위해 플랑프라즈 카페에서 나에게 비상식량으로 건네졌고, 한 마디 사양 없이 주는 대로 다 받아 챙겨왔다. 안 박사가 아침마다 챙겨주는 견과류와 이동식은 걷는 동안 이미 위와 장을 거쳐 세포 곳곳에 흡수된 후였다.

　　TMB 여정에서의 마지막 점심, 늦었지만 이렇게 호화롭고 푸짐하게 즐길 수 있었다. 듬직해진 몸에 가벼워진 배낭을 메고 여유롭게 삼십 분 걷다보면 어느새 아스팔트길이 시작되는 메를레 주차장Parking de Merlet으로 내려선다.

레우슈

　　동물원을 겸하고 있는 메를레 공원Parc de Merlet 주차장부터 아스팔트길을 따라가면 잠시 후 다시 숲길이다. 해발 고도와 위치 이름과 TMB 방향을 표기한 이정표들이 수시로 나타나므로, 이에 충실히 따르기만 하면 되었다. 주차장 떠난 지 삼십 분 못 미쳐 콘크리트로 만들어진 거대한 예수 그리스도 상Statue du Charist Roi을 지난다. 몽블랑을 오르는 산악인들의 무사와 안녕을 기원해주고 있을 것이다. TMB 한 바퀴를 무사히 마치고 내려온 나를 환영하기 위해 기다리고 있었는지도 모른다.

　　삼십 분 후 '쿠포Coupeau 해발 990미터' 이정표를 지나면서, 샤모니 계곡의 바닥에 이르렀다. 철길 옆 도로를 따라 곧이어 아르브Arve 강을 건넜다. 잠시 후에 나는 첫날 버스 속에서 무심코 지났던 레우슈Les Houches의 알파지 거리Avenue des Alpages에 서 있었다. 오른쪽으로 십 분 거리에 벨뷔 케이블카Teleferique de Bellevue 승강장이 있을 것이다. 십 일 전 샤모니에서 탄 버스를 내리며 TMB 여정이 시작된 곳이다. 거기까지 1킬로미터만 더 걸어가면 TMB라는 타원 동그라미를 정확히 완성하는 의미가 있었지만 틈을 남겨두기로 했다. 실은 그냥 나른하고 귀찮아졌기 때문이다. 나도 모르게 오른쪽 벨뷔 쪽이 아닌, 왼쪽 샤모니 방향으로 발길이 옮겨졌다.

 길가 슈퍼에 들러 에비앙 생수 한 병을 샀다. '샤모니 가는 버스, 어디서 타느냐' 아주 간단한 한 마디를 물었지만 프랑스 말을 쓰는 슈퍼 아저씨와는 전혀 소통이 안 되었다. 인근에 있는 부아 호텔Hôtel du Bois에서 간단히 풀렸다. 예쁘고 친절한 프런트 데스크 아가씨가 마을버스 쿠폰까지 서비스로 한 장 건네줬다.

 이십 여 분 동안 세상에서 가장 편안한 자세로 길가에 널브러져 있었다. 오랫동안 꿈꿔왔던 몽블랑 여정을 다 마쳤다는 나름대로의 감동이나 감상이 없지는 않았지만 지금의 관심은 오로지 한 가지였다. 어서 빨리 샤모니 숙소 알펜로제에 도착하는 것이다. 조금 있다가 한인 민박집에서 마주할 저녁밥상 메뉴만이 머릿속을 가득 채운다. 김이 모락모락 나는 흰 쌀밥에 얼큰한 된장찌개, 그리고 돼지고기 볶음과 상추, 게다가 절대 빠져선 안 될 푸짐한 김치. 입 안 가득 군침이 고여오고 어디선가 꼬르륵 소리가 들리면서 샤모니행 버스가 도착했다.

> **열흘째 날**
> 브레방 거쳐 원점 레우슈로

해발 550m 하산, 다시 700m를 더 오른 후 이어 해발 1550m를 하산하는 역동적인 코스이다. 7월 중순 이전에는 브레방 고개에 눈이 많아 아이젠 없인 넘을 수 없다. 몽블랑 산군과 샤모니 계곡의 멋진 조화를 한 눈에 조망하는 하이라이트 구간이다. 10일 전 출발했던 레우슈로 원점회귀하여 종주를 마친다.

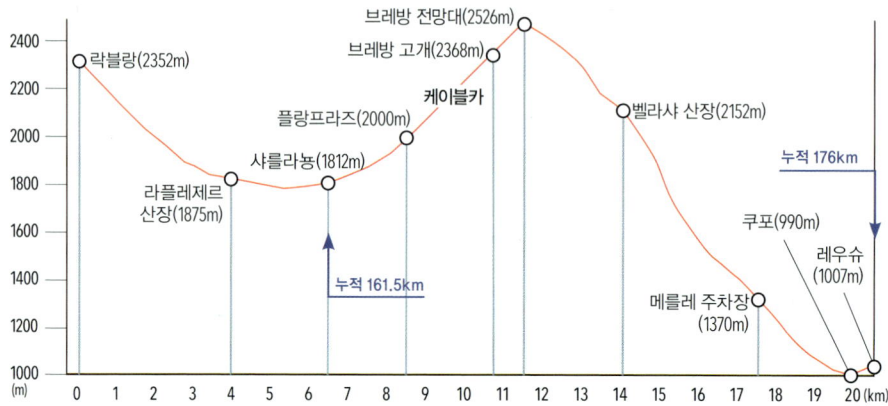

거리 21km **최고 고도** 브레방 전망대 2526m **최저 고도** 쿠포 마을 990m **소요 시간** 트레킹 9시간 30분 + 플랑프라즈 점심 1시간 30분 = 총 11시간 **구간별** 락블랑(2352m) 4km → 라플레제르 산(1875m) 2.5km → 샤를라농(1812m) 2km → 플랑프라즈(2000m) 1.5km → 브레방 고개(2368m) 1.5km → 브레방 전망대(2526m) 2.5km → 벨라샤 산장(2152m) 3.5km → 메를레 주차장(1370m) 2.5km → 쿠포(990m) 1km → 레우슈(1007m)

📍 경유지 정보

락블랑 산장 산장 맞은편으로는 샤모니 계곡을 사이에 둔 알프스 여러 산들이 아주 가까이 있어 웅장하게 보인다. 왼쪽부터 샤르도네 봉, 아르장티에르 봉, 베르트 봉과 드뤼 봉 등이다.

라플레제르 산장 샤모니에는 에귀뒤미디 전망대와 브레방 전망대 그리고 인덱스 고개로 각각 올라가는 세 군데의 케이블카 승강장이 있다. 라플레제르는 레프라 마을에서 인덱스 고개로 가는 케이블카의 중간 기착지이다. 락블랑 산장에서 내리막 능선을 따라 한 시간 반 거리이다.

샤를라농 두 시간 반 동안의 내리막이 끝나고 브레방으로 가는 오르막이 시작되는 지점이다. 드넓은 평원 분지에 '샤를라농Charlanon 1812m'라는 팻말 하나가 있다.

플랑프라즈 브레방 전망대로 오르는 케이블카의 중간 기착지이다. 드넓고 주변 전망이 좋아 트레커들이 잠시 쉬어가고 관광객들도 많다. 특히 패러글라이드 활강장이 있어 몽블랑 주변까지 날아오르는 모습들이 장관을 이룬다.

브레방 전망대 10일간 TMB 여정의 마지막이 되는 오르막 구간이다. 7월 초인데 고개 근처에 눈이 많아 아이젠 없이 오르는 걸 포기하고 되돌아와선 케이블카로 올랐다. 몽블랑 정상의 진수를 가장 잘 느낄 수 있는 위치이다. 맞은편 에귀뒤미디 전망대의 뾰족한 첨탑을 찾아보는 것도 재미있다. 원점회귀 지점인 레우슈까지 고도차 1500m를 내려가야 하는 마지막 하산길이 남아 있다.

벨라샤 산장 하산을 시작하여 브레방 호수를 멀리 바라보며 내려오는 중턱에 있는 산장이다. 전망 좋은 산장 발코니에 앉아 잠시 쉬어갈 수 있다.

라파즈 천 계곡 수목한계선이 시작되는 계곡이다. 라파즈 봉에서 내려오는 빙하수의 물살이 세다. 계곡을 건넌 이후부터는 편안한 숲길이 시작된다.

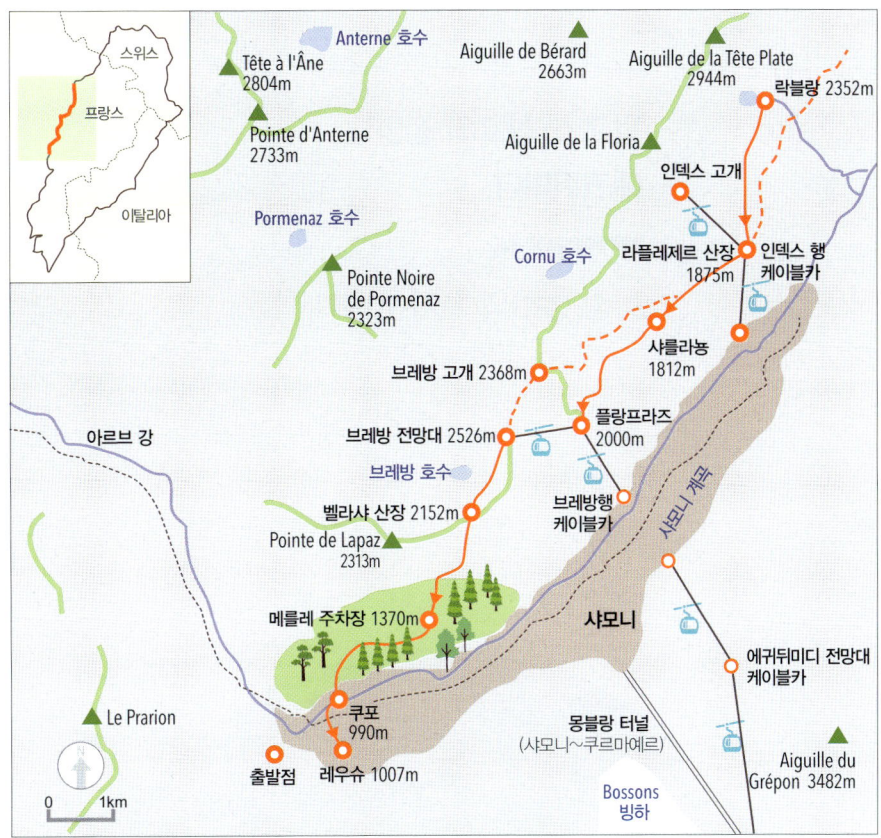

메를레 주차장 동물원을 겸하고 있는 메를레 공원의 주차장이다. 이곳에서부터 포장도로가 시작된다.

레우슈 아스팔트길을 따라가면 잠시 후 다시 숲길로 들어서며 거대한 예수 그리스도 상을 지난다. TMB 안내표지가 워낙 잘 되어 있다. '쿠포 해발 990m' 이정표를 만나면 샤모니 계곡의 맨바닥이다. 잠시 후 아르브 강을 건너고나면 레우슈의 알페이지 거리로 들어서면서 TMB 종주 여정을 마친다. 샤모니로 가는 버스 정류장이 여러 군데 있다.

길찾기 유의사항

거의 전 구간이 시야가 확 트여 있고 트레커들이 앞뒤로 많아 길 잃을 염려는 거의 없다. 나의 경우는 라플레제르 산장에서 잠깐의 판단착오로 샤모니 가는 차도로 잘못 내려가 한참을 걷다가 다시 올라왔다.

숙박 시설

라플레제르

라플레제르 산장 Refuge de La Flégère
전화번호 +33(0) 603 582 814, +33(0) 450 558 588
이메일 bellay.catherine@wanadoo.fr

샤모니

벨라샤 산장 Refuge de Bellachat
전화번호 +33(0) 450 534 323 (+33(0) 450 534 699
이메일 refuge.bellachat@gmail.com

레우슈

레메앙드르 산장 Chalet Les Méandres (ex Tupilak)
전화번호 +33(0) 450 545 666 영업 시기 연중 무휴
이메일 emmanuel.ratouis@wanadoo.fr
홈페이지 www.tupilak.com

식사

플랑프라즈와 브레방 전망대에서 점심을 사 먹을 수 있다.

알프스 최고의 전망대, 에귀뒤미디

보송 빙하의 차가운 혓바닥

"아, 정말 어제는 인생 최고의 날이었네요."

"부러워!"

"해발 4,000미터를 훨훨 나는 기분, 아마 절대 모르실 거예요."

간밤에 늦게 숙소로 돌아온 안 박사가 잠들기 전까지 옆에서 열댓 번 반복했던 얘기를 아침에 한 번 더 재방송해준다. 4년 전 나도 패러글라이딩을 한번 경험해볼 기회는 있었다. 네팔 포카라의 사랑코트Sarangkot 언덕에서였다. 막판에 덜컥 겁이 나서 포기하고 만 나로서는 안 박사의 어제 비상이 샘도 나면서 부럽기만 하다. 늦은 아침의 샤모니 하늘에는 대여섯 개의 패러글라이드가 브레방 주변을 나비처럼 아름답게 유영하고 있다. 첫날 레우슈 가는 버스에 오르면서 보았던 아름다운 정경과 똑같다.

매표소 앞에는 차례를 기다리는 사람들이 긴 줄을 만들며 서 있다. 이미 티켓을 산 이들은 출입구 앞에서 서성이거나 광장을 배회하기도 하고 주변에서 왁자지껄 기념사진 남기기에 여념들이 없다. '에귀디미디 케이블카Telepherique de l'Aiguille du Midi 1,030-3,842미터'라고 쓰인 건물 정면이 인증사진 배경으로 인기가 많아 보인다. 사진 한 장으로, 이곳이 '에귀뒤미디 케이블카' 승강장이며 해발 1,030미터에서 곧 3,842미터 에귀뒤미디 전망대까지 오를 예정임을 알려주는 것이다. 입장료 59유로, 우리 돈 7만5천 원 수준은 서울의 63빌딩 전망대 입장료와 비교해보면 비싼 수준은 아니다. 하늘 높이 열 배 이상을 올라가는 것 아닌가.

플랑드레귀

    3,842미터 전망대까지 오르는 데는 세 번의 탈것을 이용한다. 2,317미터에 자리 잡은 중간 기착지 플랑드레귀Plan de l'Aiguille에서 잠시 내려 두 번째 케이블카로 갈아타면 해발 3,777미터 에귀뒤미디 북봉Piton Nord에 내려준다. 정상에는 세 개의 봉우리가 있어서 그 방향대로 북봉, 중앙봉Piton Central, 남봉Piton Sud으로 불린다.
    북봉과 연결된 구름다리를 통해 중앙봉으로 건너가 엘리베이터를 타고 65미터를 더 오르면 에귀디미디 정상 전망대Summit Terrace 3,842m이다. 케이블카는 수시로 운행되기 때문에 플랑드레귀이건 북봉이건 중앙봉이건 어디서나 여유롭게 둘러보다가 다시 타면 된다.
    첫 번째 케이블카를 타면 지상에서 공중을 향해 단박에 솟구치는 듯한 스릴이 느껴진다. 승강장 건물이 금세 조그만 성냥곽으로 변하면서 샤모니 마을의 오밀조밀한 정경이 한눈 가득 들어온다. 어제 오후 브레방을 내려오면서 수없이 눈길을 빼앗겼던 샤모니 정경을, 방향만 반대로 바꿔 다시 내려다보는 것도 새로운 묘미였다.

중간 기착지인 플랑드레귀에서는 곧바로 두 번째 케이블카로 갈아타지 말고 주변을 둘러보는 것도 좋다. 바로 인근 카페에서 차 한 잔 마시고 갈 수도 있고, 왕복 한 시간 거리의 블루 호수Lac Bleu까지 트레킹을 다녀오는 것도 좋다. 일단은 에귀디미디 정상을 빨리 오르고 싶을 터이니 내려오는 길에 여유를 가지고 둘러보는 것도 좋을 것이다.

정상으로 오르는 케이블 선은 팽팽하지 않고 축 늘어져 있다. 저걸 타고 어찌 저까지 올라갈 수 있을까 염려스러워진다. 거의 바위에 달라붙어 수직으로 오르는 듯한 아찔함에 나도 모르게 무언가를 꽉 붙들어 잡는다. 멀리 눈을 들어 샤모니 계곡과 브레방 전망대 쪽을 바라보기보다는 바로 아래로 흘러내리는 보송 빙하Glacier des Bossons가 압도적이어서 눈길을 끈다.

몽블랑 꼭대기부터 샤모니 바로 아래까지 45도로 길게 늘어진 저 빙하는, 대지의 조그마한 흔들림만 있어도 그대로 쓸려내려 샤모니 중심가를 덮칠 것만 같다. 세계에서 가장 가파른 빙하라고도 하고 유럽에서 경사면이 가장 긴 빙하라고도 한다. 자체의 무게 때문에 서서히 아주 서서히 눈에 안 보이는 속도로 대지를 향해 내려가고 있을 것이다.

몽블랑 정상에 있던 빙하가 샤모니 근처까지 흘러내리는 데에 40여 년의 시간이 걸린다고 하지만, 빠른 속도로 올라가는 케이블카 안에서 보기엔 눈사태처럼 급격히 휩쓸려 지상으로 돌진해가는 모양새이다. 잠깐 샤모니 눈사태를 걱정하는 사이에 케이블카는 에귀디미디 북봉에 살포시 올라섰다.

북봉

두 번의 케이블카 안에서 단 이십 분 서 있던 것만으로 고도차 2,700미터 이상을 올라왔다는 게 신기해진다. 젊은 여성 둘과 나이 드신 할아버지 등 몇몇이 바닥에 쭈그려 앉아 심호흡을 크게 하고 있다. 어지럼증을 느끼고 있는 것이다. 해발 3,500미터를 넘어서다 보면, 정도의 차이는 있지만 대체로 누구에게나 고산증세는 찾아오는 것 같다. 며칠에 걸쳐 꾸준히 올라온 게 아니라 고속으로 단번에 올라온 것이라면 더더욱 그렇다. 계단을 오르내리는 사람들 움직임이 나이든 어르신들처럼 느리고 조심스럽다. 고산증세를 느끼고 있거나 아니면 미리 행동을 조심하고 있는 것이다.

케이블카를 내리는 북봉에는 샤모니 테라스Chamonix Terrace, 아라비 테라스Aravis Terrace, 발리 블랑쉬 테라스Vallee Blanche Terrace 라는 세 개의 전망대가 있다. 세 개 모두 인접한 위치에서 높이만 몇 미터씩 다를 뿐이라, 알프스 정경이 크게 달라 보이진 않을 것이다. 그러나 각기 나름대로의 특징이 있기 때문에 서로 다른 이름으

↑ 보송 빙하. 몽블랑 정상에서 샤모니를 향해 눈에 안 보이는 속도로 하강하고 있다

1

2

3

1. 샤모니 중심가에서 남쪽에 위치한 샤모니 쉬드 2. 에귀뒤미디 전망대 매표소 옆. 중국인 관광객들이 많았다 3. 중간 기착지인 플랑드레귀에서 한 번 갈아타야 전망대에 이른다 4. 에귀뒤미디 정상의 얼음 동굴에서 몽블랑 정상 등정을 준비하는 산악인들 5. 케이블 선 맞은편이 샤모니와 어제 지나온 브레방이다 6. 단 몇 초씩만 섰다 나오는 인투 더 보이드 유리 상자. 아래를 내려다보면 아찔하다

4

5

6

로 구분하고 있다.

　북봉에서의 백미는 셋 중에서 역시 샤모니 테라스이다. 웅장했던 샤모니 계곡은 작은 골짜기처럼 아담해졌지만 그 위를 떠도는 흰 구름 몇 조각 때문에 무릉도원처럼 신비로워졌다. 사흘 전 스위스에서 발므 고개를 넘어 지난 이틀간 걸어온 길을 더듬더듬 되짚어 보았다. 북쪽으로 계곡의 끝자락에 발므 고개가 보이는 듯하다. 어두워질 무렵에 숙소가 문 닫혀 당황하며 허둥거렸던 곳이다. 그 옆으로 어딘가 테트오방 돌탑이 서 있을 것이고 다시 그 옆으로 한 뼘쯤 왼쪽에는 얼음에 덮여 있던 락블랑이 있을 것이다.

　그 이름대로 붉은 봉우리여야 할 에귀 루지Aiguilles Rouges의 산들은 붉은색보다는 짙은 녹색으로 파란 하늘과 대비를 이루고 있다. 잠시 머물렀던 라플레제르 산장La Flegere은 잘 보이지 않지만 그 위 인덱스Index 고개까지 오르고 내리는 케이블카 속 많은 사람들의 시선은 이곳 에귀디미디로 향하고 있을 것이다.

　바로 정면에 맞서고 있는 플랑프라즈 언덕과 브레방 전망대에서도, 어제 내가 그랬던 것처럼 많은 이들이 우리 쪽을 향하여 눈길을 주고 있으리라. 몇 계단을 내려오면 발리 블랑쉬 전망대이다. '거인의 이빨'이란 이름의 당뒤제앙Dent de Geant에서부터 시작되는 제앙 빙하Glacier du Geant를 바로 내려다볼 수 있는 곳이다. 그 빙하가 수천수만 년 동안 깎아낸 블랑쉬 계곡Vallee Blanche 맨 위에 자리 잡고 있기에 붙여진 이름일 것이다.

　조금 더 아래에 있는 아라비 전망대는 보송 빙하의 상류 부분을 가장 가까이서 내려다볼 수 있다는 특징이 있다. 테라스 외에도 북봉 실내에는 몽블랑 관련된 소소한 액세서리를 살 수 있는 기념품 가게가 있다. 각종 열쇠고리와 간단한 옷가지, 엽서, 인형, 머그잔 등 갖가지 선물용 소품들이 눈길을 끈다. 붐비는 카페테리아에서 피자나 샌드위치를 즐길 수도 있고, 전망 좋은 레스토랑에서 근사한 점심 한 끼를 추억으로 남길 수도 있다. 해발 3,800미터 높이에서 구름 아래 세상을 내려다보며 느긋이 식사하는 추억은 우리 일상에 흔하진 않을 것이다.

중앙봉

두 개의 거대한 암벽 사이에서 허공으로 연결된 구름다리 Centre Footbridge를 건너면 중앙봉이다. 구름다리 자체가 테라스이자 전망대이기도 해서, 다리를 건너는 사람들보다는 설산 경관을 즐기는 사람들로 북적거린다. '서밋 테라스Summit Terrace, 3,842m'로 오르기 전에, 65미터 아래인 이 주변을 충분히 즐긴 후 엘리베이터를 타는 게 좋겠다. 정상에 올랐다 내려오면 이곳에서 보여지는 정경들은 다 싱거워질지도 모르기 때문이다. 중앙봉에선 몽블랑을 오르는 알피니스트들에게 눈길을 빼앗기며 감탄할 수도 있고, 그들이 밟아 만들어놓은 기다란 눈길을 더듬거려 볼 수도 있다.

발리 블랑쉬 얼음동굴로 들어서면 새로운 세상으로 빠져나가는 관문을 지나는 듯 긴장이 된다. 제앙 빙하와 블랑쉬 계곡 설원의 위험해 보이는 루트를 따라 띄엄띄엄 열 지어 걷는 트레커들이 눈에

↑ 에귀뒤미디에서는 알프스 산군들 전체가 한 눈에 보인다.
가운데 당나귀 귀 같은 두 산 중 오른쪽 뾰족 산이 거인의 이빨인 당뒤제앙, 왼쪽은 그랑드조라스이다.

투르 드 몽블랑 | 알프스 최고의 전망대, 에귀뒤미디

들어온다. 설원을 걷는 사람들에 대해서는 마음을 졸이면서도 무한한 경외감이 느껴지며 가지고 지긋이 바라보게 된다.

주변 대자연의 모습에는 어느 것 하나 가슴 설레지 않는 게 없다. 십 일 동안 TMB를 걸으면서 까마득하게 바라보던 몽블랑은 신비의 대상이었지만, 가장 가까운 지점에 다가선 지금은, 신비감보다는 그 웅장함에 압도되고 있다. 한편으로는 나 또한 반나절이면 저 '하얀blanc 봉우리mont'에 올라설 것 같은, 근거 없는 자신감에 잠시 두근거리기도 한다.

'햐얀白 머리頭'라는 비슷한 이름을 가진 우리의 백두산은 나 홀로 도도하게 서 있어 외롭지만, 알프스의 몽블랑은 좌우에 두 개씩의 동생 봉우리들을 거느리며 형제애를 과시한다. 몽블랑뒤 타퀴Mont Blanc du Tacul. 4,248m, 몽모디Mont Maudit. 4,465m, 몽블랑Mont Blanc. 4,807m, 돔뒤 구테Dome du Gouter. 4,304m, 그리고 에귀뒤 구테 Aiguille du Goûter. 3,863m, 어깨를 꼬옥 붙여 일렬로 늘어선 이들 다섯 봉우리에게 나는 '몽블랑 5형제'라는 애칭을 붙여줬다.

백두산보다 천 미터 더 높은 곳을 단 삼십여 분 만에 올라 몽블랑 집안의 우람한 5형제를 올려다본다. 둘레길 한 바퀴 돌며 멀고 멀었던 몽블랑은 이제 우리 아파트 뒷산처럼 가깝고 친근해졌다.

서밋 테라스

엘리베이터 앞은 여전히 붐볐다. 부지런히 실어 올리고 내리고를 반복하지만, 일렬로 늘어선 사람들의 숫자는 한 시간 전이나 마찬가지였다. 줄 지어 이십 여 분 기다린 후에 서밋 테라스Summit Terrace에 올랐다. 정상에 우뚝 선 채 에귀뒤미디의 상징인 것처럼 도드라졌던 하얀 첨탑은 막상 그 옆에 서고 보니 그냥 단순한 구조물일 뿐이다. 샤모니에서는 꼿꼿이 세워진 볼펜의 뾰족한 심처럼 도드라져 보였고, 플랑드레귀에 오르면서는 우주왕복선 발사대를 연상시키는 기품이 있었다. 텔레비전 방송 안테나를 겸하는 것으로 유럽에서는 가장 높은 곳에 위치한 송수신탑이라 한다.

테라스 아래로 펼쳐진 정경은 프랑스, 이탈리아, 스위스 3개국을 망라하는 완벽한 파노라마이다. 간간히 흰 구름 몇 점씩 떠도는 외에 이처럼 쾌청한 하늘 아래에서 알프스 전체를 360도로 조망할 수 있다는 것도 큰 행운이겠다. 락블랑을 떠나면서 정면에 마주했던 베르트 봉Aiguille Verte. 4,122m은 여전히 우람하게 그 측면을 과시하고 있다.

에귀뒤미디 어느 테라스에서건 몽블랑 못지않게 사람들의 시선을 붙들어 매는 것은 그랑드조라스Grandes Jorasses. 4,208m와 당뒤제앙Dent du Geant. 4,013m이다. 당나귀의 양쪽 귀처럼 뾰족하게 솟아오른 형상이 독특해서 쉽게 잊혀지지 않을 듯하다. 두 봉우리 사이에는 돔데 로쉬포트Dome de Rochefort. 4,015m가 거리 때문인지 다소 나지막하게 얹혀 있다.

세 봉우리 모두 프랑스와 이탈리아를 나누는 경계선 상에 자리한다. 특히나, 당뒤제앙 아래로 브랑쉬 계곡 설원에 늘어선 알피니스트들의 움직임이 산악 영화의 한 장면이나 다름없다. 이곳 서밋 테라스 바로 아래의 얼음동굴에서 내려갔거나 들어오는 산악인들이다. 왼쪽 깎아지른 얼음 사면이 몹시도 위험천만해 보이지만 45도 능선에서의 그들의 움직임은 도도하기만 하다.

이 주변 설산들을 통틀어 '몽블랑 산군'이라 일컫지만 몽블랑 5형제와 나머지 다른 봉우리들은 '피'가 다른 것 같다. 알프스라는 한 어머니의 뱃속에서 태어났지만 아버지는 다르다고나 할까. 5형제는 '몽mont'이나 '돔dome'과 같은 단어의 의미처럼, 외모가 둥그스름하면서 성격도 모나지 않고 원만할 것 같다. 수만 년 동안 한 번도 자신의 알몸을 드러낸 적 없이 만년설 빙하로 온몸을 덮고 있어, 그 자태는 언제나 순백純白이다.

반면에 '에귀aiguille'라는 이름의 다른 봉우리들은 '바늘'이라는 그 뜻처럼 외모가 뾰족뾰족 거칠어 보인다. 날카로운 성격은 외풍을 더 맞는 건지 '에귀' 봉우리들의 하얀 빙하는 하나같이 군데군데 찢겨나가 시커먼 속살을 그대로 노출하고 있다.

날카롭고 뾰족한 봉우리라면 우리에겐 익숙한 모습이 있다. 러브 스토리, 대부, 탑건, 사랑과 영혼, 사관과 신사, 타이타닉, 미션 임파서블, 브레이브 하트, 인터스텔라…. 영화를 좋아하는 사람이라면, 이미 한두 번은 봤을 명작들을 재개봉관에서 다시 만날 때 참으로 행복하다. 실내등이 꺼지고 익숙한 음악과 함께 영화사 로고가 멋있게 화면을 채우는 오프닝에서는 흥분으로 침마저 꼴깍 삼키게 된다. 영화사 '파라마운트'의 웅장한 로고가 알프스의 마터호른을 모델로 한 것으로 아는 사람들은 많지만, 에귀뒤미디에 올라 마터호른을 만나보고 내려가는 사람은 그다지 많지 않은 것 같다.

에귀베르트와 그랑드조라스 사이에서 가장 도드라져 보이는 설산은 그랑콩뱅Grand Combin. 4,314m이다. 멀리 스위스 내륙에 속하지만 프랑스 국경에 상대적으로 가까운 탓인지 몽블랑 산군에 속한 것처럼 또렷하다. 그랑콩뱅의 오른쪽 바로 옆에 붙어 삐죽 튀어나온 조그만 봉우리가 마터호른Matterhorn. 4,478m, 프랑스어로는 몽세르뱅Mont Cervin이다. 워낙 먼 거리라 오늘처럼 화창한 날씨가 아니라면 분간하기 어렵겠지만, 도드라진 피라미드 형상 때문에 쉽게 알아볼 수 있다.

마터호른 오른쪽으로 보이는 몬테로사Monte Rosa. 4,634m와 함께 두 산 모두 스위스와 이탈리아의 국경을 이루고 있다. 그랑콩뱅 왼쪽으로, 프랑스까지 포함한 세 나라의 국경을 이루는 3국봉 몽돌랑Mont Dolent이 있겠지만 보이지 않는 게 아쉽다. 이탈리아에서 페레 고개를 넘어 스위스로 내려가던 날 가장 가까이 마주하며 걸었던 몽돌랑이다.

에디귀미디에서 가장 스릴 있는 곳은 역시 서밋 테라스 한 귀퉁이의 2.5미터 유리박스이다. '스텝 인투 더 보이드Step into the void'라는 이름 그대로 '허공에 두 발을 딛고 서는' 일종의 어드벤처 체험관이다. 건물 측면에 유리 구조물을 매달았고 그 아래는 수직 1,000미터에 이르는 허공인 만큼, 유리관에 잠시 선 사람이나 이를 바라보는 사람이나 오금이 저리기는 마찬가지이다.

↑   네 명의 트레커들이 에귀뒤미디로 올라오고 있다. 왼쪽으로 블랑쉬 계곡 사면이 몹시 가팔라 보인다

박물관 갤러리

서밋 테라스에서 내려오면 미니 박물관 겸 갤러리Vertical Area를 둘러본다. 우리말 팸플릿에는 '사상 최고도에 설치된 알피니즘 박물관'이라고 표기되어 있다. 거대한 바위를 깎아 굴을 만들어낸 공간에 위대한 등반가들의 족적이, 사진과 글과 각종 다양한 형태의 자료들로 전시되어 있다.

북봉으로 건너와 케이블카를 기다리는 동안에는, 전망대 설치 공사와 관련된 자료들이 모아진 유물관History Area을 둘러본다. 60여 년 전, 전망대 설치 공사 당시에 인부들은, 가파른 빙하 위에 길게 줄 지어 서서 무겁고 긴 강철 케이블들을 손으로 끌어당겨 설치했다고 한다. 이런 고산 지역 수직 절벽 위에 이 정도의 구조물을 설치하면서 얼마만한 위험이 뒤따랐을지 상상할 수 있다.

역사를 빛내거나 역사를 만든 사람들을 대할 때 우리는 감동한다. 자신의 이름으로 위대한 족적을 남긴 알피니스트에게 그렇듯,

이런 대공사에 위험을 안고 참여한 무명의 일꾼들에게도 마찬가지 일 것이다.

에귀뒤미디Aiguille du Midi란 이름을 굳이 풀이해보면 '한낮midi 의 바늘aiguille'이란 의미이다. 동쪽인 마터호른에서 떠오른 해가 그랑드조라스 상공을 지나 '바늘 같은 첨봉' 위를 지날 때가 곧 정오를 가리킨다고 해서 붙여진 이름이라 한다. 한낮의 해가 머리 위를 넘어갈 무렵에 우리를 태운 케이블카는 에귀디미디를 떠나 샤모니 승강장에 사뿐히 내려앉았다.

오후 두 시에 안 박사와 나는 버스터미널에서 헤어졌다. 바쁜 회사 일에 겨우 연차휴가를 얻어 이번 여행에 나선 안 박사는 곧바로 제네바로 가서 저녁 비행기로 귀국할 예정이었다. 그와 헤어진 후 나는 다음 여정을 위해 이탈리아행 버스에 몸을 실었다. 밀라노를 거쳐 베네치아, 친퀘테레, 피렌체, 그리고 로마로 이어지는 십여 일간의 여행이 아직 내겐 더 남아 있었다. 몽블랑이 선사해주는 보너스 같은 여행이⋯.

알프스 최고의 전망대
에귀뒤미디

📍 경유지 정보

에귀뒤미디 전망대 매표소 샤모니 아르브 강 남부의 중심가인 샤모니 쉬드 버스터미널 주변에 매표소가 있다. 2016년 7월에 59유로였다. 63빌딩의 열 배 이상을 케이블카로 오른다.

플랑드레귀 3842m 전망대까지 오르는 데에 세 번의 탈것을 이용하는데 플랑드레귀는 그 첫 번째 중간 기착지이다. 돌아올 때는 이곳에 내려서 바로 인근의 카페에 들를 수도 있고, 왕복 한 시간 거리의 블루 호수까지 트레킹을 다녀올 수도 있다.

북봉 두 번째 케이블카로 갈아타면 해발 3777m 에귀뒤미디 북봉에 내려준다. 케이블카 속에서 바로 아래로 보이는 보송 빙하의 모습이 압도적이다. 정상에는 세 개의 봉우리가 있어서 그 방향대로 북봉, 중앙봉, 남봉으로 불린다. 북봉에 내리면 고산증세를 피하도록 몸을 최대한 천천히 움직이는 게 좋다. 북봉에는 샤모니 테라스, 아라비 테라스, 발리 블랑쉬 테라스라는 세 개의 전망대가 있다.

중앙봉 세 개의 테라스를 다 둘러보고 북봉과 연결된 구름다리를 통해 중앙봉으로 건너간다. 두 개의 거대한 암벽 사이에서 허공으로 연결되어 있다. 구름다리 자체가 좋은 전망대이다. 발리 블랑쉬 얼음동굴에서는 설원을 걷는 알피니스트들 모습이 장엄하게 보인다.

서밋 테라스 중앙봉에서 긴 줄을 서서 기다린 후 엘리베이터를 타고 65m를 오르면 서밋 테라스이다. 몽블랑뒤 타퀴, 몽모디, 몽블랑, 돔뒤 구테, 그리고 에귀뒤 구테, 몽블랑 5형제 봉우리들이 눈앞 가까이 보인다. 몽블랑 못지않게 그랑드조라스와 당뒤제앙의 모습도 장관을 이룬다. 날씨가 좋으면 멀리에 마터호른의 뾰족한 봉우리와 몬테로사까지 시야에 들어온다. 에디귀미디에서 가장 스릴 있는 곳은 역시 2.5m 유리박스인 '스텝 인투 더 보이드'이다. 이름 그대로 '허공에 두 발을 딛고 서는' 일종의 어드벤처 체험관이다. 잠깐 몇 초씩 돌아가며 서서 사진 한 장씩 찍고 나온다.

박물관 갤러리 서밋 테라스에서 내려오면 미니 박물관 겸 갤러리를 둘러본다. 우리말 팸플릿에는 '사상 최고도에 설치된 알피니즘 박물관'이라고 표기되어 있다. 알프스와 관련된 위대한 등반가들의 각종 자료들이 전시되어 있다.

유물관 북봉으로 건너와 케이블카를 기다리는 동안에는 유물관을 둘러보는 게 좋다. 전망대 설치공사 당시의 인부들과 공사 관련 자료들이 진열되어 있다. 60여 년 전 이 높은 곳에 이런 거대 구조물을 과연 어떻게 설치했는지, 누구나 가질 법한 궁금증을 일부 해소시켜주는 공간이다.

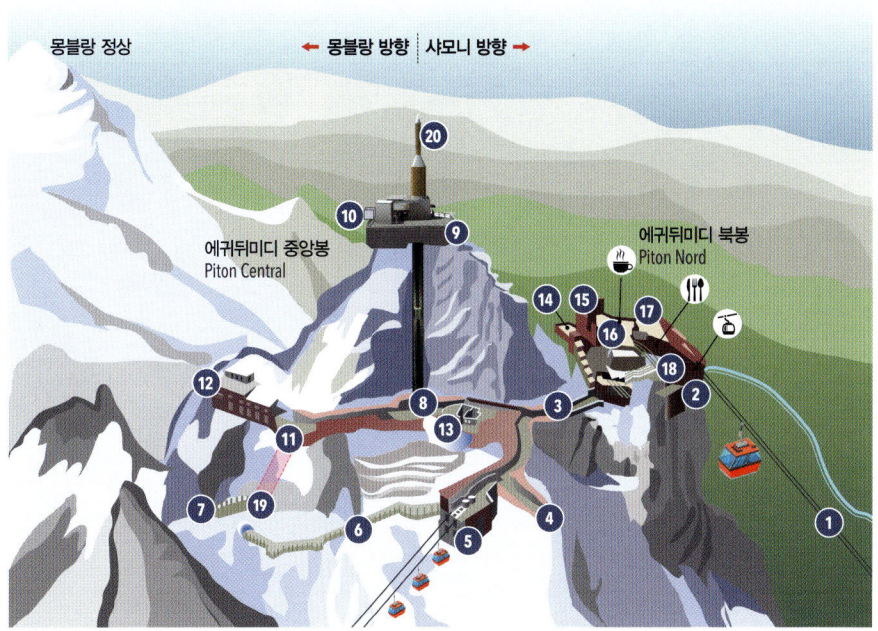

❶ 샤모니 쉬드~중간 기착지 플랑드레귀와 연결 케이블
❷ 북봉 도착, 케이블카 내림
❸ 구름다리 Centre Footbridge
❹ 얼음동굴 : 제앙Geant 빙하 전망 뷰
❺ 곤돌라 승강장 : 빙하와 크레바스 지나 헬브로너 정상까지 연결
❻ 파노라믹 테라스 Panoramic Terrace
❼ 파노라믹 테라스 Panoramic Terrace
❽ 서밋 테라스행 엘리베이터 승강장
❾ 서밋 테라스 Summit Terrace
❿ 스텝 인투 더 보이드 Step into the void
⓫ 헤뷔바 테라스 Rebuffat Terrace
⓬ 몽블랑 테라스 Mont Blanc Terrace
⓭ 알피니즘 박물관&갤러리 Vertical Area
⓮ 아라비 테라스 Aravis Terrace
⓯ 파노라믹 테라스 Panoramic Terrace
⓰ 발리 블랑쉬 테라스 Vallee Blanche Terrace
⓱ 샤모니 테라스 Chamonix Terrace & 3842 레스토랑
⓲ 유물관 History Area
⓳ 통로 갤러리 The Pipe : 총 32m
⓴ 방송용 송수신 첨탑

설산 트레킹을 출발하려는 트레커. 맨 위 가운데 부분 조그맣게, 뾰족하게 솟아 있는 산이 마터호른이다

에필
로그

1

　페레 고개 넘어 스위스로 넘어오던 날은 보슬비가 솔솔 내렸다. 늘 그렇듯 그날의 목적지 숙소 가까이 도착했을 때의 마음은, 오랜 방황 끝에 집으로 돌아와 대문 앞에 잠시 멈췄을 때의 그것과 같다. 난생 처음 밟아보는 스위스 땅의 첫 마을 라풀리는 볼수록 포근하고 정겨웠다.

　실로 오랜만에 만나는 슈퍼마켓에 반가워하며 안 박사는 촐랑촐랑 들어가 사과 네 개와 토마토 네 개를 샀다. 내가 산 아이스크림 두 개를 가게 앞 나무의자에 앉아 둘이서 맛있게 핥아먹었다. 그때 우리 둘의 몸과 마음의 상태는 누구나 상상할 수 있는 그런 것이리라.

　가게의 라디오 스피커에서는 테리 잭스의 '시즌스 인 더 썬 Seasons in the Sun'이 흘러나오고 있었다. 죽음을 앞둔 소년이 친구와 아빠에게 남기는 마지막 말들이 너무나 애잔하게 마음을 울렸다. 그날 밤 잠자리에 들어서도 혼자 맘속으로 흥얼거리다가 잠이 들었다.

　다음날 호반도시 샹펙스의 숙소에서는 잔뜩 밀린 빨래를 마친 후 흡족한 기분으로 텅 빈 식당에 혼자 앉아 있었다. 라디오에서 계속 흘러나오는 음악들 중에 다이어 스트레이츠의 '워터 오브 러브Water of Love'가 유독 귀에 들어왔다. 노랫말은 전혀 모르면서도 그 옛날 이곡을 많이 들었던 시절, 마크 노플러의 기타음을 한창 좋아했던 그 시절의 내 주변 정황들과 친구들 그리고 나의 사춘기 때 생각들이 떠올랐다. 노래는 끝났지만 내 소싯적 기억들은 잠자리까지 이어졌다.

낯선 곳을 여행할 때는 그런 것 같다. 동네 뒷산을 걸어도, 집안 침대에 누워 있어도 나름대로의 생각은 있는 거지만 멀리 떠나와 있으면 우리의 뇌가 조금은 더 말랑말랑해져서 주변의 사소한 자극에도 마음의 문이 열리고 상상은 더 깊어지는 것 같다. 평소에는 그냥 흘려들었을 옛 노래 두 곡에 쉬이 마음을 빼앗기고 잠자리까지 이어지는 걸 보면 그렇다.

2

산티아고 순례길로 손잡고 함께 떠난 부부가, 귀국할 때는 각자 다른 비행기로 돌아온다는 우스갯소리가 있다. 누군가와 함께하는 여행에서 출발 때의 좋은 관계를 끝까지 유지하기란 생각처럼 그리 쉽지 않다는 것이다.

이번 여행의 코스와 일정, 숙박 등에 대한 모든 계획과 진행을 나는 안 박사에게 일임했고 그가 모든 걸 리드했다. 10년 차 직장 선배를 친구처럼 대하거나 때론 제대 말년 병장처럼 모셔야 했고, 외국인들과의 저녁자리에선 통역을 해줘야 했고, 점심식사로 라면 끓일 때는 경륜 있는 셰프의 손맛을 보여줘야 한다는 압박이 있었을 것이다. 일인 다역으로서 안 박사의 리더 역할이 만만치 않았을 터이다.

하긴, 리더 혼자 잘 한다고 팀이 잘 되는 건 아니다. 괜찮은 조수가 손발을 잘 맞춰줘야 팀 성과가 극대화된다. 나는 유능한 리더를 만나 행복했고 안 박사는 군소리 없이 잘 따르는 조수를 만나 신나게 역량 발휘했을 것이다.

두 사람이 특별히 팀워크가 잘맞는 스타일이었을 수도 있겠지만, 역시 TMB라는 알프스 환경의 영향이 컸을 것이다. 혼자만의 세계에 갇힌 나를 돌아보게 하는 힘, 나 아닌 바깥세상에도 관대하게 좀 더 호의를 갖도록 만들어주는 힘, 몽블랑을 걷는 동안의 알프스 환경은 분명 그런 보이지 않는 힘을 안겨주는 뭔가가 있었다.

3

"우와~ 행복하네요."

첫날 트리코 고개 위 설산 앞에서 땀을 닦아내며 안 박사가 툭 던진 말이다. 이후 마지막 날 브레방 도착 때까지 열흘 동안 매일 한두 번씩은 그가 습관처럼 반복하던 말이기도 하다. 동네 뒷산의 새벽 산책길에도 행복은 있고, 늘 곁에 있는 이와 습관처럼 밥 한 끼를 먹어도 행복은 있을 것이다. 그러나 일상에서 이를 자각하는 건 그다지 쉽지가 않다.

내가 좋아하는 걸 먹고, 내가 좋아하는 걸 보고, 내가 좋아하는 곳을 가고… 무조건 내가 좋아하는 걸 하면서 살 수 있다면 그

게 곧 행복이라는 것쯤은 모두가 다 안다. 그리 살 수만은 없다는 것도 누구나 다 아는 사실이다. 그러나 자신이 무얼 좋아하고, 무슨 일을 할 때 더 행복한지에 대해서는 잘 모르는 사람들이 많다. 몽블랑은 내가 잘 모르던 것들을 새삼스럽게 일깨워준 곳이다. 소소하지만 가치 있는 것들을 비로소 확인하면서, 수만 년 전에 살았던 한 원시인과 함께한 시간들이기도 했다.

고인돌에 새긴 별자리를 아낀다.
우주를 느끼는 시간이기 때문이다.
거대하고 성능 좋은 천체 망원경이 없더라도,
인간은 원시시대부터 맨 눈으로 밤하늘을 우러렀고 반짝이는
별들을 돌판에 새겼다.
나는 고인돌에 파인 검은 점들을 손끝으로 어루만지며 묻곤 했다.
"왜 이 원시인은 밤하늘의 별을 고인돌로 옮겼을까?
어디서 태어났고 누구를 사랑했으며 무슨 일을 겪은 후에 제일
슬펐고 또 언제 가장 행복했을까."
다른 질문들은 선뜻 답하기 어렵지만, 마지막 질문엔 내가 그인 듯
속삭이곤 했다.
"밤하늘의 별들을 정확히 고인돌에 새길 때 저는 행복합니다."
'정확히'란 단어에 힘을 준다.
각 별의 크기는 물론이고 별과 별 사이의 거리를 측정하기 위해,
그는 얼마나 많이 고개를 치켜들었다가 숙였을까?

김탁환 작가 글 중에서